南宋鐵錢泉譜

張豐志 著

目 錄

自序

　　我早期原本以收集金銀幣與中國歷代古錢為主甚少涉及鐵錢，1986年旅居美國期間曾經由當時台灣出版的《新光錢鈔》通訊拍賣買過二三枚北宋大鐵錢。1987年回台任教於新竹交通大學，1988年在常去的一家台北知名蔡姓錢幣店見到多枚河東路聖宋元寶小平鐵錢，風格與一般銅錢不同，再加上我對北宋聖宋錢特有好感，所以就買下其中二三枚把玩。真正開始進入宋鐵錢領域應是在1997年，當年秋天我去西安交通大學作短期講學及學術交流，行程中預先就已安排拜訪陝西錢幣學會，當天認識了多位西安錢幣藏家前輩——閻福善先生就是其中一位。閻先生待人謙和，一見如故知，當時閻先生正在籌劃編輯《兩宋鐵錢》，收集眾多兩宋鐵錢。當時就讓予我一批北宋鐵錢複品，也帶我遊逛了西安幾處錢幣攤位買了一些歷代古錢，其中就含有不少陝西出土的北宋大鐵錢。回台後曾在台北某次泉友聚會中將這批鐵錢拓圖帶去與泉友欣賞。當時錢幣界前輩蔡養吾與洪子林先生就鼓勵我繼續朝向宋朝鐵錢收集及研究。為增廣鐵錢知識也陸續買了多本鐵錢相關書籍，如：夏立旺編著《高郵出土鐵錢》、周森著《中國鐵錢》及當時全套之《中國錢幣》與《陝西金融》期刊。在1987年出版的《中國錢幣》泉刊看到由劉恩甫等人所寫的〈江蘇高郵出土南宋鐵錢清理報告〉一文，見到新發現種類眾多的兩淮鐵錢令我感到相當震撼，也在此時確定要以收集兩宋鐵錢為目標。在2000年前後四五年間是我最熱衷於鐵錢收集期間。閻先生也把為撰寫《兩宋鐵錢》所收集的大部份藏品（主要是北宋鐵錢）讓予我。同時也陸續透過幾位江蘇高郵附近錢商大舉收購高郵出土之兩淮鐵錢，只要是所缺的幾乎不惜代價買進。2002年完成了《南宋鐵錢譜（一）》的初稿，內容只收錄由建炎到淳熙，因當時我對南宋後期川錢收集尚不齊全，打算之後再續編《南宋鐵錢譜（二）》，但事總不如人願，2002年起接學校行政職務（交大理學院院長）工作實在太忙碌也就將出書一事暫擺一旁。接下幾年新出土的鐵錢種類大幅減少，因此對鐵錢興趣也逐漸淡薄，轉而專注於收集先秦古錢。不過其間亦不時留意網站是否有還未收集到的宋鐵錢出現，若非價格特別昂貴者皆考慮買進。1997-2000年曾寫過多篇南宋鐵錢相關論文發表於各錢幣刊物：

1. 《中華集幣會刊》第二期，1997.10，〈南宋淳熙折二鐵錢〉

2. 《中華集幣會刊》第三期，1998.10，〈南宋淳熙折二鐵錢續〉

3. 《中華集幣會刊》第四期，1999.10，〈南宋鐵鑄錢子〉

4. 《中華集幣會刊》第四期，2000.10，〈南宋鐵錢錯版形成原因〉

5. 《亞洲錢幣》第六期，2000.12，〈多種版別的純熙元寶鐵錢〉

6. 《台北市集幣會刊》第22期，1998.5，〈南宋乾道鐵錢介紹〉

7. 《中國錢幣》總第76期，2002.1，〈南宋鐵錢錯版形成原因〉

　　我早期寫的《南宋鐵錢譜（一）》初稿在泉友要求下也陸續寄送出去互相交流，近年來與泉友馬馳先生多次交往，他建議我重新編輯兩淮鐵譜並也允諾願意大力協助。幾經長考，我最後決定重編完整的南宋鐵錢譜。主要原因是高郵出土中也有不少川錢，另外乾道鐵錢大部份的空背錢是屬淮鑄或川鑄不易分辨。本人目前工作除教學外還須指導近三十位研究生論文可稱十分忙碌，本想等退休後才進付編撰，但前午在取出藏品清理維護時，發現經過多年貯藏未維護的鐵錢已有部份銹厲更加嚴重甚至破損斷裂，尤其是川錢，令人傷心。深感這批可能是目前收集最齊全的鐵錢集，不知還能完好地存世多久，再加上本身年紀已大，再不及時整理出書恐將遺憾終生。這些都是我最近急於想完成本書的原因。本書強調點在於圖譜錢品種部份，歷史典故部份則大部份摘自《高郵出土鐵錢》、《兩宋鐵錢》、《中國鐵錢》及《中國錢幣大辭典南宋卷》等書。拓圖部份除了本人藏品外另分別引用泉友藏品贈拓，各泉書及泉刊。泉書部份含《兩宋鐵錢》、《高郵出土鐵錢》、《中國鐵錢精品圖錄》、《中國錢幣大辭典南宋卷》、《宋錢大觀》、《中國古錢譜》、《中國錢幣真假辨別入門》、《日本昭和泉譜》、《日本古泉大全》和《日本新版東洋古錢價格圖譜》等。特別感謝下列泉友提供拓片：陸漢光、戴大慶、陶曉飛、馬馳、葉鳴、蔡啟祥、林春雄、陳佳麟、呂紹奇、房上軍、繆毅等人。

編輯原則與方式

1. 只編錄南宋鐵錢

　　本書只錄南宋鐵錢原因是北宋鐵錢部份年號版別繁多，因身處台灣能收集的有限。閻福善等人所著《兩宋鐵錢》已收錄相當齊全不須再重覆。本人對南宋鐵錢收集比較齊全，尤其是兩淮鐵錢。原本有意只編錄我個人藏品，但考量其完整性能提供更好泉友參考，最後決定編一部較完整的南宋鐵錢譜。至於北宋鐵錢部份其實也收集不少，因最近應上海錢幣學會之邀請為編輯大系宋錢篇所須也全部拓圖完成，將來也考慮續出我个人北宋鐵錢藏品。

2. 拓圖之選用

　　原則以我本人藏品為優先，除非品相實在太差，因是自己藏品可進一步提供錢徑與重量數據。因我早期已購得錢幣品相雖不甚佳但不願再出錢購買品相較佳之同品，所以部份屬於我個人藏品之拓圖品質可能不如其他泉譜。我所缺的泉品則取用其他泉譜，錢幣期刊，或由泉友提供其來源均有註明。

3. 本書所收錄細分版別僅能由我個人藏品及所能收集到拓圖，其實應遠少於實際可能出現版別。

4. 有不少較稀少錢幣取自其他泉譜拓圖，或是明顯臆造（尤其是日本泉譜）或真偽待考者也列入當參考，不過均有說明。

5. 錢幣編列依帝年號順序分A（建炎），B（紹興），C（隆興），……

6. 錢幣級別依稀少程度，市價，及重要性分為1-10級。有不少錢雖是至今僅見之稀少品但其重要性不足並未列為1級。有的具重要性如純熙元寶出土數目雖不算少但仍列為極高等級。

7. 本書錢圖排列順序與《兩宋鐵錢》大致相同但稍有差別分敘如下：
   a. 依帝年號順序。
   b. 同一年號原則（有少數例外）依錢型由小而大、錢子、小平、折二、折三、……
   c. 以淳熙錢為例，同一折值按空背、背星、背月、背星月、背紀年、背紀監名、背紀監名帶星月、背紀監名帶紀年編列。若以上全相同再依序分為元寶、通寶、重寶、……等。這點與《兩宋鐵錢》有明顯差異，較易找尋想要找的錢幣。
   d. 同一寶文之對讀或旋讀則未予分序。
   e. 背文有直讀與橫讀者以直讀者先列。

南宋鐵錢百珍泉

　　本表原本訂為[南宋鐵錢百稀]，因覺得稀字代表稀少之意，並非代表珍貴之意。 所以改為[南宋鐵錢百珍泉]。有些細分版別錢很可能是僅見品，但其變化及意義若不明顯與突出則並未具備珍泉條件。有些錢存量並非特別稀少，但具有特殊變化或歷史意義則可列入珍泉，如純熙元寶因係一獨特年號。珍泉看法因人而異，本書列出百珍基於下列原則：

（1）稀少度。

（2）市價行情。

（3）特殊歷史意義。

（4）對於錯版錢及一些臆作或疑品均不列入。

（5）每一珍泉並不一定代表一泉，有些是可能是代表一系列多種泉。

　　1. 建炎重寶篆書折二空背（A010）

　　2. 紹興通寶真書小平背上仰月（B010）

　　3. 紹興元寶真篆書折二背上仰月下星（B018、B019）

　　4. 隆興通寶真篆書小平空背（C018、C019）

　　5. 隆興元寶真書折三空背（C025）

　　6. 隆興通寶篆書折二空背（C033）

　　7. 隆興元寶真書折五空背（C034）

　　8. 乾道通寶真書小平空背（D035、D036）

　　9. 乾道元寶真書小平背春柒（D042）

　　10. 乾道元寶真書小平背左同下仰月孕星（D062）

　　11. 軋道元寶真書小平折二背上同（D043、D227）

　　12. 乾道元寶篆書折二背上星（D170）

　　13. 乾道元寶篆書折二背四星（D181）

　　14. 乾道元寶真篆書折二背上仰月、背上俯月（D182-D183、D184-D185）

　　15. 乾道元寶真篆書折二背左星右內向月、左星右外向月（D192-D193、D197-D198）

A.建炎通寶，重寶（1129-1130）

　　北宋末年金兵南侵，京師淪陷徽欽二帝被擄，為避免金國以挾持二帝要脅，康王趙構（徽宗第九子）即位為南宋高宗，偏安於江南。高宗初辛南陽，繼而楊州、金陵、杭州、越州，金兵逼近後復奔明州，航海出走溫州，最後定都於杭州。高宗前四年年號為建炎（1127-130）。為躲金兵四處遷逃，政令不達當然無法顧及鑄錢，更遑論較為偏遠的四川，所幸當時四川未曾遭受外侵，算是較為安定之地區。四川在北宋後期已為鐵錢專用區，所以當得知年號改為建炎，理所當然延續先朝制度鑄造建炎鐵錢，據推斷應於建炎元年至二年六月之間由邛州惠民監所鑄，之後由朝廷於建炎二年六月下詔廢監。因四川不行用銅錢，其他建炎銅錢似非川鑄，可能係其他江南原銅錢監所鑄。今所見建炎鐵錢大部份為小平通寶，有真書、隸書與篆書三體。同時出現面帶四隅星小平真篆錢（A006、A007）。而此種四隅星錢也曾出現於一對宣和通寶真篆書小平錢（本人藏品及兩宋鐵錢#1061），此種四隅星錢於建炎之後就未再度出現。另有一種對讀建炎通寶小型錢子出現（A001，徑約19-20mm），可能是民間私鑄錢。日本昭和譜有一枚小型軌道通寶（D003）稱為錢子，類似的錢子陸續出現於紹興、隆興、乾道、淳熙，止於紹熙。另出現一枚僅見折二型篆書建炎重寶（A010）十分珍稀，又最近出現折二型建炎通寶真篆一對（A008、A009），看似銅錢版可能係民間私鑄，待考。

A001：建炎通寶小型錢子（兩宋鐵錢）
特徵：小型（20mm）　　等級：3
可能係四川私鑄，一般稱為錢子，錢徑約為
20mm，廣穿，厚重，僅出現於南宋初期鐵錢。
錢子之名始於日本昭和泉譜一枚軋道元寶。

A002：建炎通寶真書小平（兩宋鐵錢）
特徵：廣穿品稍精美，錢徑約23.5mm
等級：5

A003：建炎通寶真書小平（張）
特徵：楷書，小穿，4.58g，23.0mm
等級：5

A004：建炎通寶篆書小平（張）
特徵：廣穿，4.40g，23.0mm
等級：5

A005：建炎通寶真書小平（張）
特徵：四隅星，大字寬緣，5.58g，23.5mm
等級：4

A006：建炎通寶真書小平（張）
特徵：川錢，四角星窄緣，5.83g，23.0mm
等級：4

A007：建炎通寶篆書小平（兩宋鐵錢）
特徵：川錢，四角星，錢徑約23mm
等級：4

A008：建炎通寶真書折二（張）
特徵：四川出土，似銅錢版，11.36g，
　　　28.5mm，前譜未錄
等級：3

A009：建炎通寶篆書折二（張）
特徵：淮區出土，似銅錢版，輕薄，4.0g，
　　　28.0mm，前譜未錄
等級 3

A010：建炎重寶篆書折二
　　　（中國鐵錢精品圖譜）
特徵：諸譜僅見，錢徑約27mm
等級：1

B.紹興元寶，通寶（1131-1162）

　　南宋高宗紹興年間（1131-1162）長達32年之久。紹興初期與北方金元戰事仍持續，整體局勢雖仍是極度不安穩，不過已較建炎期間改善不少。紹興後期局勢較穩，因此朝廷對鑄錢事務也較為得以掌控。四川方面仍延續使用鐵錢，主要是紹興通寶小平與折二，有光背與背利版別，利字當係指利州紹興監。紹興通寶錢主要出土於四川，小部分出土於江蘇高郵的應是在淮域行用鐵錢後由四川流入。自高郵出土的錢幣中，最近出現一枚十分罕見的紹興通寶小平背上仰月（B010），這是南宋鐵錢帶背月之首，意義十分重大。另有小型錢子型元寶與通寶（B001-B003）均出土於四川，應也是出於四川私鑄，值得一提的是這些錢子錢徑雖小但重量卻與一般小平錢相當。折二元寶空背錢（B015、B016、B017）大多為銅范鐵錢，出土於江蘇高郵，鑄地不明。高郵另出現一對真篆書體——紹興元寶背星月折二鐵錢（B018、B019），其品相精良與之後乾道淳熙背星月錢錢風相似，但其十分輕薄，重量與小平錢差不多。另一僅見奇錢為紹興通寶背上正（B033），出土於四川。一般所知，不論銅鐵錢，背正錢始於南宋乾道銅鐵錢。背正是屬監名或有其他意義目前似尚未有定論，有稱是河北鎮州監所鑄，但該監設於河北正定縣（高郵出土鐵錢p.32），依歷史判斷當時河北恐已非南宋所掌控不可能鑄南宋錢。

B001：紹興元寶真書小型錢子（張）
特徵：川錢，旋讀，3.90g，20.0mm
等級：3

B002：紹興元寶真書小型錢子（張）
特徵：異元，旋讀，4.50g，20.0mm
等級：3

B003：紹興通寶真書小型錢子（張）
特徵：川錢，對讀，4.21g，20.0mm
等級：3

B004：紹興通寶真書小平（兩宋鐵錢）
特徵：小樣大字
等級：8

B005 紹興通寶真書小平（兩宋鐵錢）
特徵：離寶
等級：8

B006：紹興通寶真書小平（兩宋鐵錢）

特徵：小字接郭

等級：8

B007：紹興通寶真書小平（張）

特徵：降興，2.72g，23.4mm

等級：8

B008：紹興通寶真書小平（戴大慶）

特徵：降通，廣穿

等級：8

B009：紹興通寶真書小平（戴大慶）

特徵：大字，長刀紹

等級：8

B010：紹興通寶真書小平背上月（張）

特徵：兩淮出土，僅見，2.85g，24.0mm

等級：2

B011：紹興通寶真書小平背利（兩宋鐵錢）
特徵：大興，昂寶
等級：8

B012：紹興通寶真書小平背利（兩宋鐵錢）
特徵：斜寶蓋
等級：8

B013：紹興通寶真書小平背利（張）
特徵：小字，2.80g，24.0mm
等級：8

B014：紹興通寶真書小平背上泉（古泉大全）
特徵：國內近年出土所未見，參考品
等級：

B015：紹興元寶真書折二（中國鐵錢）
特徵：細字，光背
等級：3

B016：紹興元寶真書折二（兩宋鐵錢）
特徵：粗字，光背
等級：3

B017：紹興元寶真書折二（兩宋鐵錢）
特徵：窄興，長足元，平背
等級：3

B018：紹興元寶真書折二背上月下星（張）
特徵：似銅錢版，輕薄，4.34g，28.0mm，
　　　諸譜未錄
等級：2

B019：紹興元寶篆書折二背上月下星（張）
特徵：似銅錢版，輕薄，4.80g，28.0mm，
　　　諸譜未錄
等級：2

B020：紹興通寶真書折二空背（張）
特徵：小樣，大字，右興，5.55g，26.1mm
等級：8

B021：紹興通寶真書折二空背（張）
特徵：通甬右斜，昇寶，7.80g，28.6mm
等級：8

B022：紹興通寶真書折二空背（張）
特徵：寶離郭，大召紹，5.53g，27.8mm
等級：8

B023：紹興通寶真書折二空背（張）
特徵：小紹，興字左橫上挑，6.56g，28.3mm
等級：8

B024：紹興通寶真書折二空背（張）
特徵：小字，細緣，寬通，4.11g，26.5mm
等級：8

B025：紹興通寶真書折二空背（張）
特徵：左斜寶，右通，8.12g，29.1mm
等級：8

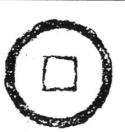

B026：紹興通寶真書折二空背（張）
特徵：長通，寬貝寶，6.42g，29.0mm
等級：8

B027：紹興通寶真書折二空背（張）
特徵：右興，8.99g，28.6mm
等級：8

B028：紹興通寶真書折二背利（張）
特徵：寶離郭，6.01g，29.0mm
等級：7

B029：紹興通寶真書折二背利（張）
特徵：隔輪，右興，6.61g，28.5mm
等級：7

B030：紹興通寶真書折二背利（張）
特徵：昇寶降通7.01g，28.1mm
等級：7

B031：紹興通寶真書折二背利（張）
特徵：長寶，6.51g，28.5mm
等級：7

B032：紹興通寶真書折二背利（張）
特徵：降興，寶左傾，6.84g，30.0mm
等級：7

B033：紹興通寶真書折二背正（張）
特徵：背正，首度出現，7.31g，29.0mm
等級：2

C.隆興元寶，通寶（1163-1164）

　　南宋孝宗名瑗，高宗嗣子，在位二十七年，改元有三：隆興二年、乾道九年、淳熙十六年。歷經高宗在位三十餘年辛苦經營，雖然北方戰事仍頻但整體南宋局勢已逐漸穩定。孝宗在位二十七年所鑄造錢幣品種之多為中國歷史上少見，尤其自淳熙七年起在錢背加鑄紀年，此舉為世界錢幣之首創。隆興年號僅二年，鑄錢數量不多但品種卻不少。隆興鐵錢全出自四川諸監，有元寶、通寶，錢值依大小可分為錢子、小平、折二、折三與折五等，為南宋鐵錢首創鑄造高額的折三與折五大錢，錢文方面有真篆二體，分對讀與旋讀，且含不少真篆對錢。隆興通寶真篆小平（C018、C019）早期高郵出土所未見，頗為稀見。一枚近來出現的大型隆興元寶（C025）徑約31mm，遠大於一般折二錢（27-29mm），錢幣大辭典稱為「折二」，但照尺寸看來龐列為折三較合適。一枚僅見特大型隆興元寶徑約35mm（C034）應是折五大錢，是南宋折五鐵錢之首見，或許是當時試鑄錢，未曾流通所以稀見。

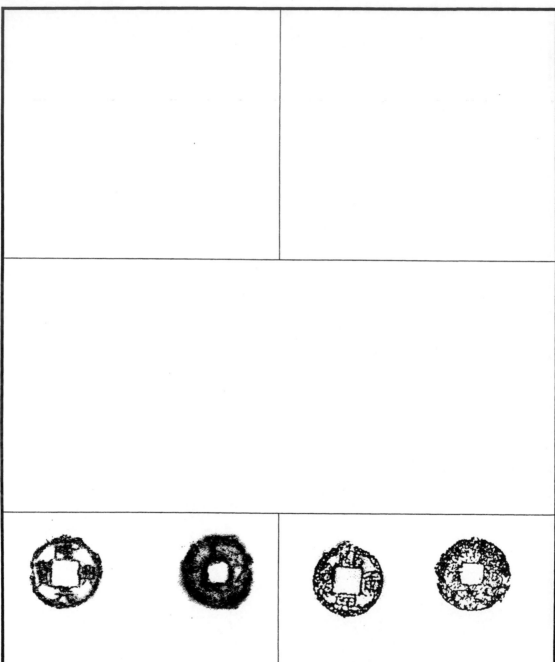

C001：隆興元寶旋讀小型錢子（張）
特徵：四川私鑄，2.92g，19.2mm
等級：3

C002：隆興通寶對讀小型錢子
　　　（中國鐵錢精品圖錄）
特徵：四川私鑄
等級：3

C003：隆興元寶真書小平（張）
特徵：小字，6.92g，24.0mm
等級：5

C004：隆興元寶真書小平
　　　（中國鐵錢精品圖錄）
特徵：窄隆元
等級：5

C005：隆興元寶真書小平（兩宋鐵錢）
特徵：升寶
等級：5

C006：隆興元寶真書小平（兩宋鐵錢）
特徵：楷書，大字，大樣
等級：4

C007：隆興元寶真書小平
　　　（中國鐵錢精品圖錄）
特徵：行元，短寶，素背
等級：5

C008：隆興元寶真書小平
　　　（中國鐵錢精品圖錄）
特徵：縮元
等級：5

C009：隆興元寶真書小平
　　　（中國鐵錢精品圖錄）
特徵：粗字
等級：5

C010：隆興元寶真書小平（張）
特徵：小字，5.61g，24.0mm
等級：5

C011：隆興元寶篆書小平
　　　（中國鐵錢精品圖錄）
特徵：小字，狹元
等級：3

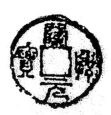

C012：隆興元寶篆書小平（兩宋鐵錢）
特徵：小字，降興，方貝寶
等級：3

C013：隆興元寶篆書小平
　　　（中國鐵錢精品圖錄）
特徵：大字，寬隆，方貝寶
等級：3

C014：隆興元寶篆書小平
　　　（中國鐵錢精品圖錄）
特徵：大字，大貝昂寶
等級：3

C015：隆興元寶篆書小平（兩宋鐵錢）
特徵：大字，點足寶，昂斜寶
等級：3

C016：隆興元寶篆書小平（張）
特徵：小字，直窄興，3.79g，24.3mm
等級：3

C017：隆興元寶篆書小平（張）
特徵：粗字，5.36g，24.8mm
等級：3

C018：隆興通寶真書小平
　　　（中國鐵錢精品圖錄）
特徵：極少見
等級：2

C019：隆興通寶篆書小平（陳佳麟）
特徵：諸譜未錄，稀見錢，4.20g，24.0mm
等級：1

C020：隆興元寶真書對讀折二　　　　　　C021：隆興元寶真書對讀折二
　　　　（中國鐵錢精品圖錄）　　　　　　　　　　（中國鐵錢精品圖錄）
特徵：正字，寬寶，小耳隆　　　　　　　特徵：細緣，長寶，大耳隆
等級：4　　　　　　　　　　　　　　　　等級：3

C022：隆興元寶真書旋讀折二（張）　　　C023：隆興元寶真書旋讀折二（兩宋鐵錢）
特徵：小字，狹穿，6.70g，28.0mm　　　特徵：中緣，分足興
等級：4　　　　　　　　　　　　　　　　等級：4

C024：隆興元寶真書旋讀折二（張）　　　C025：隆興元寶真書旋讀折三
特徵：長寶，廣穿，開足元，8.65g，　　　　　　　（錢幣大辭典南宋卷）
　　　27.0mm　　　　　　　　　　　　特徵：前所未見，超大型約30.5mm，應是
等級：4　　　　　　　　　　　　　　　　　　　折三錢或為折二大樣，稀見
　　　　　　　　　　　　　　　　　　　　等級：2

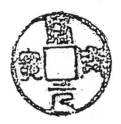

C026：隆興元寶篆書旋讀折二
　　　　（中國鐵錢精品圖錄）
特徵：大樣，長興，沈子槎舊藏
等級：4

C027：隆興元寶篆書旋讀折二
　　　　（中國古幣真假辨別入門）
特徵：短圓貝寶
等級：4

C028：隆興元寶篆書旋讀折二
　　　　（中國古幣真假辨別入門）
特徵：闊緣，窄寶，人足寶
等級：3

C029：隆興元寶篆書旋讀折二（兩宋鐵錢）
特徵：方字，方貝寶，短興
等級：4

C030：隆興元寶篆書旋讀折二（張）
特徵：小樣，廣穿，寬元，9.30g，27.0mm
等級：4

C031：隆興通寶真書對讀折二（兩宋鐵錢）
特徵：大字，廣穿，長寶
等級：4

C032：隆興通寶真書對讀折二
　　　（中國鐵錢精品圖錄）
特徵：小字，窄穿，短寶
等級：4

C033：隆興通寶篆書對讀折二（兩宋鐵錢）
特徵：稀見品
等級：2

C034：隆興元寶真書對讀折五
　　　（中國鐵錢精品圖錄）
特徵：可能是試鑄錢
等級：1

D.乾道元寶，通寶（1165-1173）

　　紹興末年，朝廷於淮域禁用銅錢而易以鐵錢。初期淮域鐵錢應係由四川供應，所以高郵出土中有不少南宋初期川鑄鐵錢。乾道二年八月詔兩淮行鐵錢，並令京西、湖北荊門亦用鐵錢。為應付兩淮區鐵錢需求，乾道六年二月復置舒州同安監及蘄州蘄春監專司鑄鐵錢。十二月又置興國軍大冶監、江州廣寧監、臨江軍豐餘監、撫州裕國與裕豐監。在短短一年間決定設置如此多之鐵錢監，可見當時兩淮改用鐵錢一時無法供應，造成錢荒的情形十分嚴重，所以乾道初年，應有不少川鑄錢流入兩淮區。乾道錢在錢背除了記監名外，另配以眾多不同星月。乾道年間不論是四川或兩淮全鑄元寶錢，僅在高郵出土中發現一種稀見的小平誦寶（D35、D36）與一種少見的篆書折二乾道通寶背安錢（D335、D336）。乾道元寶有真篆兩體，其中應有不少對錢。錢徑可分：錢子、小平、折二，未見折三以上大錢。有少數錢徑介於一般小平與折二之間，歸列為小平大樣或折二小樣均無不可。另高郵有出土少量俗稱魚勾乾道元寶的小平（D006-D012）與折二（D099-D110）錢，魚勾元寶幾乎全是光背，版式甚多，僅見一枚背同折二錢（D227），所以推測這批魚勾元寶錢或許是由同安監所鑄。乾道鐵錢光背居多，且品種極多，要分辨是出自四川或兩淮錢監不易，但由錢幣之出土地大致可分辨是川或淮鑄。《兩宋鐵錢》一書對此有詳細論述，本書對鑄地就不予強調。乾道錢出了不少錢背怪異版錢，部份可能是鑄匠操作失誤所致可合理的解釋，但部分則否，惟一得以合理解釋是手工加印於砂范錯誤所致。可見當時有些鐵錢其錢背部份是手工加蓋所成而非全由鐵母所翻鑄。篆書乾道元寶折二背春拾（D208）就是一枚典型誤植錢，原本在鑄造淳熙元寶背春拾時因母錢在翻轉范框過程中不慎掉落框外，鑄匠理應撿起原掉失母錢放回原錢穴，因故找尋不着，鑄匠就取自己口袋中一枚篆書乾道元寶空背錢置入該錢穴取代之以便繼續翻砂製程。這枚乾道背春拾異錢就這樣鑄出。另一枚十分奇特的錢幣，就是乾道元寶小平背春柒（D042），當初也以為是類似上述之誤植錢。原本認為是在鑄淳熙小平背春七時誤植入乾道元寶光背錢所鑄成。經細查後朝有春七的只有淳熙與慶元但非春七，所以這枚乾道春七錢應可確定不是誤植錢。若是真錢那很可能是試鑄錢，這也說明朝廷早於乾道七年（1171）就有意加鑄紀年於錢背，但因故等到九

年後淳熙七年（1180）才正式啟用。乾道背星月錢變化極多有趣，有一枚至今僅見的乾道篆書折二背四星（D181），這是宋錢所有銅鐵錢中惟一背四星，十分珍貴。在諸多背紀監錢中，錢譜曾出現一對僅見之真篆折二背泉錢（D335、D336）應是最為稀珍。乾道元寶真書折二背春錢（D200-D205）屬常見品，篆書背春（D206）則稀見，另出一枚乾道元寶真書折二背春右月錢（D207）也是僅見品。乾道元寶背冶屬稍少見品，最近出現一枚背冶帶左星（D298）之僅見品。川鑄常見之紹興背利錢已不再出現於乾道錢。背邛錢則開始出現於乾道折二錢，大多為真書（D341-D347），篆書（D348）則甚少見。乾道元寶真篆折二背穿上單字「豐」依豐字大小區分品種甚多（D316-D331），有一篆書穿下豐（D332、D333）則不多見，另出現一枚真書穿左豐（D334）則更稀珍。乾道通寶折二面背全是篆書體之背安（D337-D340）也是知名之稀少鐵錢。乾道元寶背正同時出現於銅鐵錢，銅錢真篆成對但鐵錢至今只見真書（D306、D307），或許未來篆書將會出現。正字是代表監名或另有其他義意目前似尚無定論，不過另出現一枚至今僅見的篆書乾道折二背穿上正穿下星（D308），另一枚在早期錢譜常見的真書乾道元寶背正竹（D309），竹字不知代表何意其來歷似未見有文獻報導過。乾道元寶小平背單同一般常見為上同、左同、與下同三種，獨缺右同，左同出現一枚左倒同（D052），頗為少見。穿下同亦出現幾枚奇異版式，穿下倒同（D069）、穿下朝右臥同（D070）、及穿下朝左臥同（D071）。這批奇異方位同的出現，任何已知鑄造錯誤原因如：誤植或上下范框旋轉均無法解釋，惟一可以合理解釋只有採用手工加蓋同字於空背錢穴手誤所造成。這也証明手工加蓋也是當時部份鐵錢鑄法之一，尤其是錢背之星月或監文。另出現一枚乾道小平背下同穿上單星（D072）也是稀見品。乾道元寶小平背星月錢幾乎全屬稀少品，今出現有穿下星（D037）、穿左星（D038）、穿上下二星（D039）與穿上星穿下仰月（D040、D041）。乾道小平背左同星月錢亦有頗多趣味品，常見的是穿左同下仰月（D053-D058）。今出現一枚少見之左同上星（D059），左同穿下仰月帶單星則出現三種不同星位，穿上星（D060），穿右星（D061），與穿下月孕星（D062）。乾道元寶小平背松錢品種亦多，常見者為背上松（D075-D082）、背左松（D088-D089）、背下松（D093-D098）與背左松下月（D090-D092）等四種。另出現有背上松下星（D083、D084）及背上松下日（D085-D087）均是少見品。另又出現一品更稀見之左松上星

下月（D092）。乾道元寶折二空背真篆錢種類極多，有川鑄與淮鑄但區分不易。乾道元寶折二背星月錢品種十分繁多更勝於小平錢，背單星錢分別有上星（D168-D170）、左星（D178-D180）與下星（D171-D175），真篆皆有，但獨缺右星者。乾道元寶折二背單月錢種類亦甚多，穿上仰月真篆對錢（D182、D183）、穿上俯月真篆對錢（D184、D185），穿下俯月至今只見真書（D186、D187）。乾道元寶折二背右星左內向月（D194-D196）真篆書均有，但因其均偏離正確位置，再度証明是手工加蓋。最後還出現一對真篆背左星右外向月（D197、D198）。另有一枚折二真書穿下成双直線（D199），不知是代表二字或有其他意義就不得而知。乾道元寶折二背下同（D232-D237）屬常見品，但背下倒同（D238）則是稀少品。乾道元寶折二背左同下月（D240-D243）為普品，若是左倒同（D244）則是稀見品。就如小平錢，乾道元寶折二背左同下月單星，其單星位有三種：上星（D245）、右星（D246）與穿下月孕星（D247-D248）。乾道元寶折二背上同下直二（D253）是稀少品。乾道元寶真書折二背上單字松（D254-D264）為常見品，若錢面文篆書者（D265）則為稀珍品。乾道元寶真書折二背下單字松（D271-D279）為常見品，篆書者（D281、D282）則是稀少品。另有背上松下星（D283）與背下松上星（D284）均是稀見品。另一枚背下松上仰月（D292）十分少見。另有一枚背左松下仰月上單星（D291）亦不多見。另有一枚背左松下月孕星（D293）則更稀見。乾道折二背穿上單字松一般是真書但也出現一枚較為少見的篆書（D265），左松只見真書未見有篆書，下松除了常見真書亦有少見的篆書（D281、D282）。還有真書背上松下星（D283）與下松上星（D284）均是少見品。少見乾道背松錢還有左松上星下仰月（D291）、下松上仰月（D292）及左松下俯月孕星（D293）。南宋鐵錢由乾道起開始有了版式多樣化，其原因絕非出自朝廷授意，否則不應該出現不同錢監各有不同風格，應是朝廷對各錢監（尤其是鐵錢監）只要求鑄量對錢體內容規範少，任由各錢監自由發揮想像力，因此才留下這　多版式珍貴錢幣給後代。概括而論，不論是否出於其本意，南宋孝宗無疑在世界錢幣史上可稱為是一位突出且創意十足，進而能留名千古的中國皇帝。

D001：乾道元寶小型錢子（張）
特徵：廣穿，川區私鑄，3.63g，20.0mm
等級：3

D002：乾道元寶小型錢子（昭和泉譜）
特徵：窄穿，行元
等級：3

D003：乾道元寶小型錢子（昭和泉譜）
特徵：廣穿，魚勾乾，僅見
等級：3

D004：乾道元寶小平（張）
特徵：楷書，魚勾乾，3.88g，23.0mm
等級：3

D005：乾道元寶小平（張）
特徵：雙長足元，魚勾乾，4.44g，23.2mm
等級：3

D006：軋道元寶小平（兩宋鐵錢）
特徵：魚勾軋，寶離郭，長右足元，少見
等級：3

D007：軋道元寶小平（兩宋鐵錢）
特徵：魚勾軋，大點寶，少見
等級：3

D008：軋道元寶小平（張）
特徵：魚勾軋，狹元，窄穿，4.29g，23.0mm
等級：3

D009：軋道元寶小平（戴大慶）
特徵：魚勾軋，寬元，廣穿，少見
等級：3

D010：軋道元寶小平（失考）
特徵：中緣，少見
等級：3

D011：軋道元寶小平（呂紹奇）
特徵：長尾元，大勾軋，少見
等級：3

D012：軋道元寶小平（張）
特徵：楷書，大勾軋，3.18g，23.0mm
等級：3

D013：乾道元寶小平（張）
特徵：道首右斜，3.54g，22.5mm
等級：8

D014：乾道元寶小平（張）
特徵：寶右斜，4.08g，23.2mm
等級：8

D015：乾道元寶小平（戴大慶）
特徵：小勾足元，平背
等級：7

D016：乾道元寶小平（中國古泉譜）
特徵：廣穿，寬乾，寬元，背廣郭
等級：8

D017：乾道元寶小平（張）
特徵：廣穿，小樣，細字，4.17g，23.0mm
等級：8

D018：乾道元寶小平（張）
特徵：左斜元，短道，4.68g，23.0mm
等級：8

D019：乾道元寶小平（戴大慶）
特徵：右長元，短首道
等級：8

D020：乾道元寶小平（張）
特徵：短乾，升寶，7.12g，23.0mm
等級：8

D021：乾道元寶小平（昭和泉譜）
特徵：點元
等級：8

D022：乾道元寶真書小平（中國古泉譜）
特徵：闊緣
等級：7

D023：乾道元寶真書小平（張）
特徵：廣穿，降元，7.12g，23.0mm
等級：8

D024：乾道元寶真書小平（張）
特徵：廣穿，右元，7.12g，23.0mm
等級：8

D025：乾道元寶真書小平（張）
特徵：大廣穿，扁乾，扁元5.13g，22.5mm
等級：8

D026：乾道元寶真書小平（失考）
特徵：大寶蓋
等級：8

D027：乾道元寶篆書小平（張）
特徵：廣穿，方冠寶，高郵出土5.78g，
　　　25.0mm
等級：7

D028：乾道元寶篆書小平（張）
特徵：小樣，細緣，四川出土，5.07，
　　　23.5mm
等級：7

D029：乾道元寶篆書小平（宋錢大觀）
特徵：長寶，長道
等級：7

D030：乾道元寶篆書小平（張）
特徵：小樣，正字，四川出土3.32g，
　　　22.5mm
等級：7

D031：乾道元寶篆書小平（張）
特徵：小樣，細字，四川出，3.21g，22.0mm
等級：7

D032：乾道元寶篆書小平（兩宋鐵錢）
特徵：面背寬緣
等級：7

D033：乾道元寶篆書小平（戴大慶）
特徵：廣穿，中冠寶，淮錢
等級：7

D034：乾道元寶篆書小平（張）
特徵：中緣，窄貝寶，淮錢，4.91g，25.0mm
等級：7

D035：乾道通寶真書小平（兩宋鐵錢）
特徵：粗字，大樣，極稀珍
等級：1

D036：乾道通寶真書小平（戴大慶）
特徵：細字，小樣，淮錢，極稀珍
等級：1

D037：乾道元寶小平背下星（戴大慶）
特徵：少見淮錢
等級：4

D038：乾道元寶小平背左星（張）
特徵：少見淮錢，3.59g，23.0mm
等級：4

D039：乾道元寶小平背上下兩星（張）
特徵：小元，少見淮錢，3.88g，23.0mm
等級：3

D040：乾道元寶小平背上星下月（戴大慶）
特徵：小字，長月，少見淮錢
等級：3

D041：乾道元寶小平背上星下月
　　　（兩宋鐵錢）
特徵：大字，寬穿，縮元，短月，少見淮錢
等級：3

D042：乾道元寶小平背春柒（兩宋鐵錢）
特徵：應是試鑄錢，不可能是誤植錢因後朝
　　　全用春七而非春柒，僅見品
等級：1

D043：乹道元寶小平背上同（張）
特徵：魚勾乹，稀珍，3.04g，23.0mm
等級：2

D044：乾道元寶小平背上同（馬馳）
特徵：背廣郭
等級：8

D045：乾道元寶小平背上同（張）
特徵：瘦長寶，4.24g，23.1mm
等級：8

D046：乾道元寶小平背上同（兩宋鐵錢）
特徵：長首道
等級：8

D047：乾道元寶小平背左同（戴大慶）
特徵：正字，分足元
等級：8

D048：乾道元寶小平背左同（戴大慶）
特徵：正字，合足元
等級：8

D049：乾道元寶小平背左同（戴大慶）
特徵：正字，合足元，左斜同
等級：8

D050：乾道元寶小平背左同（張）
特徵：降元，降道，四川出，4.03g，24.3mm
等級：8

D051：乾道元寶小平背左同（張）
特徵：降元，小首道斜同，5.07g，24.0mm
等級：8

D052：乾道元寶小平背左同（張）
特徵：異元，似倒同
等級：

D053：乾道元寶小平背左同下月（張）
特徵：左斜穿，合足元，分點首道，淮錢，
　　　4.91g，24.0mm
等級：7

D054：乾道元寶小平背左同下月（張）
特徵：分足元，連點首道，3.82g，24.0mm
等級：7

D055：乾道元寶小平背左同下月（馬馳）
特徵：正字
等級：7

D056：乾道元寶小平背左同下月（馬馳）
特徵：正字，長寶
等級：7

D057：乾道元寶小平背左同下月（戴大慶）
特徵：小樣
等級：7

D058：乾道元寶小平背左同下月（戴大慶）
特徵：細字，降元
等級：7

D059：乾道元寶小平背左同上星（張）
特徵：淮錢，稀少品，3.42g，24.0mm
等級：3

D060：乾道元寶小平背左同上星下月（張）
特徵：稀少品，淮錢，5.50g，23.8mm
等級：3

D061：乾道元寶小平背左同右星下月（張）
特徵：淮錢，稀少品，4.78g，23.8mm
等級：3

D062：乾道元寶小平背左同下月孕星（張）
特徵：淮錢，極稀少品，4.55g，25.0mm
等級：2

D063：乾道元寶小平背下同（張）
特徵：道右斜，4.46g，24.4mm
等級：8

D064：乾道元寶小平背下同（張）
特徵：淮錢，廣穿，降元，4.51g，23.4mm
等級：8

D065：乾道元寶小平背下同（張）
特徵：左傾元，4.14g，23.0mm
等級：8

D066：乾道元寶小平背下同（戴大慶）
特徵：元右足長方折
等級：8

D067：乾道元寶小平背下同（戴大慶）
特徵：點元
等級：8

D068：乾道元寶小平背下同（戴大慶）
特徵：降元，長寶
等級：8

D69：乾道元寶小平背下倒同（張）
特徵：少見錯版，手蓋或范180度反轉，
　　　5.20g，25.0mm
等級：3

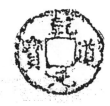

D70：乾道元寶小平背下朝右臥同（陸漢光）
特徵：手蓋錯版，珍稀品
等級：2

D71：乾道元寶小平背下朝左臥同（張）
特徵：手蓋錯版或范45度反轉，珍稀品，
　　　4.83g，24.0mm
等級：2

D72：乾道元寶小平背下同上星（張）
特徵：珍稀品，4.07g，23.5mm
等級：3

D73：乾道元寶小平背雙同（戴大慶）
特徵：趣味誤植版，母錢掉落重新置回原
　　　錢穴但成135度反轉
等級：

D74：乾道元寶小平背同捌（兩宋鐵錢）
特徵：不似誤植，捌字不清楚，若是捌應是
　　　試鑄錢
等級：

D75：乾道元寶小平背上松（兩宋鐵錢）
特徵：降元，昂乞乾
等級：8

D76：乾道元寶小平背上松（張）
特徵：背右松，4.45g，23.0mm
等級：8

D77：乾道元寶小平背上松（兩宋鐵錢）
特徵：乾字分離
等級：8

D78：乾道元寶小平背上松（戴大慶）
特徵：異元
等級：8

D79：乾道元寶小平背上松（張）
特徵：右足元短提，2.42g，23.5mm
等級：8

D80：乾道元寶小平背上松（戴大慶）
特徵：長寶，昂松
等級：8

D081：乾道元寶小平背上松（張）
特徵：寬長足元，淮錢，3.52g，23.6mm
等級：8

D082：乾道元寶小平背上松（馬馳）
特徵：正字
等級：8

D083：乾道元寶小平背上松下星（戴大慶）
特徵：細字
等級：4

D084：乾道元寶小平背上松下星（戴大慶）
特徵：粗字
等級：4

D085：乾道元寶小平背上松下圈（戴大慶）
特徵：大寶
等級：3

D086：乾道元寶小平背上松下圈（戴大慶）
特徵：窄寶
等級：3

D087：乾道元寶小平背上松下圈（戴大慶）
特徵：大字，大圈
等級：3

D088：乾道元寶小平背左松（張）
特徵：短寶，元右足上提，4.14g，23.1mm
等級：7

D089：乾道元寶小平背左松（戴大慶）
特徵：長寶
等級：7

D090：乾道元寶小平背左松下月（張）
特徵：點元，4.58g，23.2mm
等級：7

D091：乾道元寶小平背左松下月（戴大慶）
特徵：勾元
等級：7

D092：乾道元寶小平背左松下月上星（張）
特徵：極少見，4.49g，22.2mm
等級：2

D093：乾道元寶小平背下松
　　　（中國鐵錢精品圖錄）
特徵：元右足方折，少見
等級：5

D094：乾道元寶小平背下松（兩宋鐵錢）
特徵：元右足方折，寬周郭，少見
等級：5

D095：乾道元寶小平背下松（張）
特徵：長足寶，少見，4.20g，23.0mm
等級：5

D096：乾道元寶小平背下松（陸漢光）
特徵：合足元，少見
等級：5

D097：乾道元寶小平背下松（陸漢光）
特徵：小樣，正元，少見
等級：5

D098：乾道元寶小平背下松（陸漢光）
特徵：廣穿，昂寶，降道，少見
等級：5

D099：軋道元寶折二（高郵鐵錢）
特徵：小魚勾，降道，小元
等級：3

D100：軋道元寶折二（兩宋鐵錢）
特徵：小魚勾，斜元
等級：3

D101：軋道元寶折二（戴大農）
特徵：小魚勾，巨頭寶
等級：3

D102：軋道元寶折二（高郵鐵錢）
特徵：大魚勾，昇軋，降元，寬首道
等級：3

D103：軋道元寶折二（張）
特徵：大魚勾，短寶，5.42g，27.5mm
等級：3

D104：軋道元寶折二（呂紹奇）
特徵：大魚勾，短寶，短道
等級：3

D105：乾道元寶折二（高郵鐵錢）
特徵：大魚勾，大寶蓋，短道
等級：3

D106：乾道元寶折二（高郵鐵錢）
特徵：大魚勾，長孔
等級：3

D107：乾道元寶折二（高郵鐵錢）
特徵：大魚勾，小樣，小寶
等級：3

D108：乾道元寶折二（高郵鐵錢）
特徵：大魚勾，小樣，右斜寶
等級：3

D109：乾道元寶折二（張）
特徵：小樣，斜魚勾，出自四川，疑是川
　　　鑄，7.67g，27.2mm
等級：3

D110：乾道元寶折二（馬馳）
特徵：大樣，大勾乾，寬元
等級：3

D111：乾道元寶真書折二（宋錢大觀）
特徵：寬緣，正字
等級：9

D112：乾道元寶真書折二（兩宋鐵錢）
特徵：寬緣，大寶，升元
等級：9

D113：乾道元寶真書折二（高郵鐵錢）
特徵：寬緣，小字
等級：9

D114：乾道元寶真書折二（戴大慶）
特徵：中緣，小樣，昂乾
等級：9

D115：乾道元寶真書折二（戴大慶）
特徵：中緣，大乙乾
等級：9

D116：乾道元寶真書折二（戴大慶）
特徵：中緣，合足元
等級：9

D117：乾道元寶真書折二（張）
特徵：中緣，小樣，昂元，7.11g，27.0mm
等級：9

D118：乾道元寶真書折二（兩宋鐵錢）
特徵：中緣，廣穿，大字，川錢
等級：9

D119：乾道元寶真書折二（張）
特徵：中緣，長乙乾，6.54g，28.5mm
等級：9

D120：乾道元寶真書折二（戴大慶）
特徵：大闊緣，小字
等級：9

D121：乾道元寶真書折二（戴大慶）
特徵：中緣，小字
等級：9

D122：乾道元寶真書折二（戴大慶）
特徵：元右足長垂
等級：9

D123：乾道元寶真書折二（張）
特徵：中緣，廣穿，降道，窄貝寶，川錢，
　　　6.95g，27.0mm
等級：9

D124：乾道元寶真書折二（陸漢光）
特徵：中緣，寬寶，淮錢
等級：9

D125：乾道元寶真書折二（張）
特徵：小緣，元接郭，淮錢，7.48g，28.0mm
等級：9

D126：乾道元寶真書折二（戴大慶）
特徵：右元足垂長帶勾
等級：9

D127：乾道元寶真書折二（戴大慶）
特徵：正乾，寬道首
等級：9

D128：乾道元寶真書折二（戴大慶）
特徵：細字，窄貝寶
等級：9

D129：乾道元寶真書折二（陸漢光）
特徵：粗郭，平背，淮錢
等級：8

D130：乾道元寶真書折二（高郵鐵錢）
特徵：大元首，隔輪，淮錢
等級：9

D131：乾道元寶真書折二（高郵鐵錢）
特徵：短左足元，淮錢
等級：9

D132：乾道元寶真書折二（張）
特徵：元右足短帶內勾，川錢，5.52g，
　　　28.0mm
等級：7

D133：乾道元寶真書折二（張）
特徵：廣穿，元右足大帶內勾，7.24g，
28.0mm
等級：9

D134：乾道元寶真書折二（兩宋鐵錢）
特徵：大腳元
等級：9

D135：乾道元寶真書折二（高郵鐵錢）
特徵：正字，右元小異，淮錢
等級：9

D136：乾道元寶真書折二（兩宋鐵錢）
特徵：行元
等級：6

D137：乾道元寶真書折二（張）
特徵：分點道，狹元，6.44g，29.0mm
等級：9

D138：乾道元寶真書折二（張）
特徵：元首筆右傾，5.88g，27.0mm
等級：9

D139：乾道元寶真書折二（高郵鐵錢）
特徵：窄穿，乾元離郭
等級：9

D140：乾道元寶真書折二（張）
特徵：正字，小異，淮錢，6.44g，29.0mm
等級：9

D141：乾道元寶真書折二（張）
特徵：背四決，川錢，6.86g，27.0mm
等級：7

D142：乾道元寶真書折二（張）
特徵：大字，道字分點首，9.25g，28.0mm
等級：9

D143：乾道元寶真書折二（戴大慶）
特徵：短足元，背飛雁，趣味品
等級：7

D144：乾道元寶真書折二（兩宋鐵錢）
特徵：隔輪，大元
等級：9

D145：乾道元寶真書折二（張）
特徵：大元，小貝寶，7.40g，27.0mm
等級：9

D146：乾道元寶真書折二（張）
特徵：小字，降道，5.78g，26.2mm
等級：9

D147：乾道元寶真書折二（張）
特徵：廣穿，窄貝寶，6.23g，28.1mm
等級：9

D148：乾道元寶真書折二（張）
特徵：點元，長足寶，5.22g，26.2mm
等級：9

D149：乾道元寶真書折二（戴）
特徵：廣穿，縮元，降道
等級：9

D150：乾道元寶真書折二（兩宋鐵錢）
特徵：廣穿，扁乾，背寶緣
等級：9

 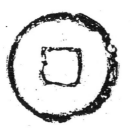  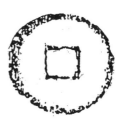

D151：乾道元寶真書折二
　　　（中國鐵錢精品圖錄）
特徵：降斜元，小貝寶
等級：9

D152：乾道元寶真書折二（張）
特徵：細周郭，窄穿，小字，降道，極小
　　　寶，6.43g，27.0mm
等級：6

D153：乾道元寶真書折二（張）
特徵：細緣，升寶5.04g，27.0mm
等級：9

D154：乾道元寶真書折二（高郵鐵錢）
特徵：異元，縮首道
等級：9

D155：乾道元寶真書折二（張）
特徵：小樣，廣穿，背粗郭緣
等級：9

D156：乾道元寶篆書折二（高郵鐵錢）
特徵：特寬緣，淮錢
等級：6

D157：乾道元寶篆書折二（張）
特徵：大型，人字，川錢，7.36g，28.0mm
等級：8

D158：乾道元寶篆書折二（馬馳）
特徵：正字，背寬緣，淮錢
等級：8

D159：乾道元寶篆書折二（高郵鐵錢）
特徵：細字，淮錢
等級：8

D160：乾道元寶篆書折二（戴大慶）
特徵：正字，小樣，細字，淮錢
等級：8

D161：乾道元寶篆書折二（張）
特徵：背四決，川錢，5.66g，26.0mm
等級：6

D162：乾道元寶篆書折二（張）
特徵：短寶，狹元，背寬緣，6.27g，
　　　27.3mm
等級：8

D163：乾道元寶篆書折二（張）
特徵：長尾元，5.43g，27.1mm
等級：8

D164：乾道元寶篆書折二（張）
特徵：寬冠寶，升元，淮錢，5.87g，
　　　27.1mm
等級：8

D165：乾道元寶篆書折二（張）
特徵：寬冠寶，細字，淮錢，5.85g，27.1mm
等級：8

D66：乾道元寶篆書折二（馬馳）
特徵：小樣，分離乾，淮錢
等級：8

D167：乾道元寶真書折二（張）
特徵：長冠寶，背寬緣，5.78g，27.2mm
等級：8

D168：乾道元寶真書折二背上星（陸漢光）
特徵：狹穿，小樣，狹元，淮錢
等級：4

D169：乾道元寶真書折二背上星（張）
特徵：廣穿，人樣，寬元，淮錢，5.74g，
　　　29.8mm
等級：4

D170：乾道元寶篆書折二背上星（戴大慶）
特徵：背廣郭，較少淮錢
等級：2

D171：乾道元寶真書折二背下星（戴大慶）
特徵：合足元，長橫道，淮錢
等級：4

D172：乾道元寶真書折二背下星（陸漢光）
特徵：長足寬寶，大元，淮錢
等級：4

D173：乾道元寶真書折二背下星（張）
特徵：斜頭元，昇寶，淮錢，5.62g，
　　　27.9mm
等級：4

D174：乾道元寶真書折二背下星（戴大慶）
特徵：小字，降寶，淮錢
等級：4

D175：乾道元寶篆書折二背下星（張）
特徵：面背闊緣，淮錢，7.15g，28.9mm
等級：3

D176：乾道元寶篆書折二背下星（張）
特徵：小字，接郭，淮錢，5.42g，27.1mm
等級：3

D177：乾道元寶篆書折二背下星（戴大慶）
特徵：大樣，大字，淮錢
等級：3

D178：乾道元寶真書折二背左星（陸漢光）
特徵：大元，背寬緣，淮錢
等級：4

D179：乾道元寶真書折二背左星（張）
特徵：小字，小元，淮錢，7.63g，
　　　27.3mm
等級：4

D180：乾道元寶真書折二背左星（高郵鐵錢）
特徵：背闊郭緣，淮錢
等級：4

D181：乾道元寶篆書折二背四星（張）
特徵：珍稀僅見，宋錢惟一背四星，淮錢，
　　　5.95g，27.0mm
等級：1

D182：乾道元寶真書折二背上仰月（張）
特徵：少見品，淮錢，8.49g，27.8mm
等級：3

D183：乾道元寶篆書折二背上仰月（張）
特徵：少見品，淮錢，5.72g，26.2mm
等級：2

D184：乾道元寶真書折二背上俯月（張）
特徵：少見品，淮錢，7.21g，27.9mm
等級：3

D185：乾道元寶篆書折二背上俯月（張）
特徵：少見品，淮錢，6.17g，26.1mm
等級：2

D186：乾道元寶真書折二背下俯月（張）
特徵：中緣，小穿，淮錢，6.15g，28.2mm
等級：3

D187：乾道元寶真書折二背下俯月（戴大慶）
特徵：細緣，小穿，淮錢
等級：3

D188：乾道元寶真書折二背上月下星（張）
特徵：寬貝寶，似銅錢版，5.02g，27.8mm
等級：7

D189：乾道元寶真書折二背上月下星
　　　（陸漢光）
特徵：窄貝寶
等級：7

D190：乾道元寶真書折二背上雙月下雙星
　　　（戴大慶）
特徵：此錢証明月星似乎是由手工加蓋於
　　　砂范
等級：

D191：乾道元寶篆書折二背上月下星（張）
特徵：似銅錢版與D188是對錢，5.54g，
　　　27.1mm
等級：6

D192：乾道元寶真書折二背右內向月左星
　　　（張）
特徵：少見淮錢，8.69g，28.6mm
等級：3

D193：乾道元寶篆書折二背右內向月左星
　　　（張）
特徵：少見淮錢，6.25g，27.3mm
等級：2

D194：乾道元寶真書折二背左內向月右星
　　　（張）
特徵：少見淮錢，6.97g，28.0mm
等級：2

D195：乾道元寶篆書折二背左內向月右星
　　　（張）
特徵：少見淮錢，6.03g，27.1mm
等級：2

D196：乾道元寶篆書折二背左內向月右星
　　　（張）
特徵：月星大移位，明證是手工加蓋失誤所
　　　導致，6.41g，27.0mm
等級：2

D197：乾道元寶真書折二背右外向月左星
　　　（張）
特徵：少見淮錢，8.69g，29.0mm
等級：3

D198：乾道元寶篆書折二背右外向月左星
　　　（張）
特徵：少見淮錢，5.42g，26.2mm
等級：2

D199：乾道元寶真書折二背下直二（張）
特徵：稀見淮錢，6.13g，28.9mm
等級：3

D200：乾道元寶真書折二背上春（高郵鐵錢）
特徵：左斜元
等級：8

D201：乾道元寶真書折二背上春（張）
特徵：離寶背寬緣，左春，7.03g，26.9mm
等級：8

D202：乾道元寶真書折二背上春（張）
特徵：窄穿，窄寶右傾，7.12g，26.0mm
等級：8

D203：乾道元寶真書折二背上春（戴大慶）
特徵：正字，長寶，乾乙方折
等級：8

D204：乾道元寶真書折二背上春（戴大慶）
特徵：正字，乾乙圓折
等級：8

D205：乾道元寶真書折二背上春（馬馳）
特徵：正字，粗筆，背寬緣
等級：8

D206：乾道元寶篆書折二背上春（高郵鐵錢）
特徵：稀少品
等級：3

D207：乾道元寶真書折二背上春右內向月
　　　（張）
特徵：稀珍，6.51g，27.9mm
等級：2

D208：乾道元寶真書折二背上春下拾
　　　（兩宋鐵錢）
特徵：誤植錢，稀珍
等級：3

D209：乾道元寶真書折二背上同（戴大慶）
特徵：面背特寬緣
等級：6

D210：乾道元寶真書折二背上同（張）
特徵：廣穿，扁乾，扁元，6.06g，26.2mm
等級：9

D211：乾道元寶真書折二背上同（張）
特徵：寬元，降道，7.09g，26.1mm
等級：9

D212：乾道元寶真書折二背上同（戴大慶）
特徵：細緣，升元
等級：9

D213：乾道元寶真書折二背上同（戴大慶）
特徵：離郭
等級：9

D214：乾道元寶真書折二背上同（戴大慶）
特徵：升乾，右斜道，背廣郭
等級：9

D215：乾道元寶真書折二背上同（中國鐵
　　　錢精品圖錄）
特徵：寬乾元
等級：9

D216：乾道元寶真書折二背上同
　　　（兩宋鐵錢）
特徵：廣穿，面背中緣，長右元足
等級：9

D217：乾道元寶真書折二背上同（馬馳）
特徵：左斜右元
等級：9

D218：乾道元寶真書折二背上同（高郵鐵錢）
特徵：廣穿，細周郭，降寶
等級：9

D219：乾道元寶真書折二背上同（戴大慶）
特徵：中緣，背廣郭，長首道
等級：9

D220：乾道元寶真書折二背上同
　　　（兩宋鐵錢）
特徵：狹穿，降寶，狹足元
等級：9

D221：乾道元寶真書折二背上同
　　　（高郵鐵錢）
特徵：元字首筆特長
等級：9

D222：乾道元寶真書折二背上同
　　　（高郵鐵錢）
特徵：長斜寶，右斜道
等級：9

D223：乾道元寶真書折二背上同（戴大慶）
特徵：闊緣，左同，小字
等級：9

D224：乾道元寶真書折二背上同（馬馳）
特徵：廣穿，大字，寬寶，背廣郭
等級：9

D225：乾道元寶真書折二背上同（張）
特徵：隔輪，角折元，4.14g，26.9mm
等級：9

D226：乾道元寶真書折二背上下同雙
　　　（戴大慶）
特徵：典型錯版
等級：

D227：軋道元寶真書折二背上同（張）
特徵：魚勾軋道出現背同，可能其餘軋道
　　　也出自舒州同安監，5.32g，26.5mm
等級：1

D228：乾道元寶真書折二背左同（張）
特徵：降元，5.30g，27.4mm
等級：9

D229：乾道元寶真書折二背左同（張）
特徵：勾元，5.76g，27.3mm
等級：9

D230：乾道元寶真書折二背左同（張）
特徵：降道，6.68g，26.9mm
等級：9

D231：乾道元寶真書折二背左右雙同
　　　（戴大慶）
特徵：錯版，母錢掉落重置回原穴錯位180
　　　度反轉
等級：

D232：乾道元寶真書折二背下同（張）
特徵：窄穿，大寶蓋，5.36g，26.2mm
等級：9

D233：乾道元寶真書折二背下同（張）
特徵：廣穿，5.58g，26.7mm
等級：9

D234：乾道元寶真書折二背下同（張）
特徵：狹穿，道首左斜，8.48g，26.5mm
等級：9

D235：乾道元寶真書折二背下同（戴大慶）
特徵：寶左斜
等級：9

D236：乾道元寶寶真書折二背左同
　　　（戴大慶）
特徵：長寶，降元
等級：9

D237：乾道元寶真書折二背左同（馬馳）
特徵：正字，中緣
等級：9

D238：乾道元寶真書折二背下倒同
　　　（兩宋鐵錢）
特徵：稀見錯版
等級：3

D239：乾道元寶真書折二背上同下星（張）
特徵：稀少品，7.01g，26.2mm
等級：3

D240：乾道元寶真書折二背左同下仰月
　　　（張）
特徵：寶蓋左傾，7.48g，27.9mm
等級：8

D241：乾道元寶真書折二背左同下仰月（張）
特徵：乾乙圓折，6.74g，27.8mm
等級：8

D242：乾道元寶真書折二背左同下仰月 　　　　（戴大慶）
特徵：大樣，大字
等級：8

D243：乾道元寶真書折二背左同下仰月 　　　　（戴大慶）
特徵：降寶，長首道
等級：8

D244：乾道元寶真書折二背左倒同下仰月 　　　　（1999中國錢幣）
特徵：怪異錯版，稀珍
等級：

D245：乾道元寶真書折二背左同下仰月上 　　　　星（張）
特徵：稀少版，7.05g，27.0mm
等級：3

D246：乾道元寶真書折二背左同下仰月右 　　　　星（張）
特徵：稀見版，7.59g，27.8mm
等級：3

D247：乾道元寶真書折二背左同下月孕星
（張）
特徵：背寬緣，稀少品，7.98g，27.5mm
等級：2

D248：乾道元寶真書折二背左同下月孕星
（無考）
特徵：斜元，稀少品
等級：2

D249：乾道元寶真書折二背上右雙同
（戴大慶）
特徵：大元，錯版
等級：

D250：乾道元寶真書折二背上右雙同
（戴大慶）
特徵：分離乾，錯版
等級：

D251：乾道元寶真書折二背右下雙同
（戴大慶）
特徵：少見錯版
等級：

D252：乾道元寶真書折二背左正同下雙同
（張）
特徵：少見錯版，4.51g，27.0mm
等級：

D253：乾道元寶真書折二背上同下直二
　　　（兩宋鐵錢）
特徵：稀少品
等級：3

D254：乾道元寶真書折二背上松（張）
特徵：廣穿，降寶元，5.84g，26.6mm
等級：8

D255：乾道元寶真書折二背上松
　　　（高郵鐵錢）
特徵：廣穿，特闊緣
等級：7

D256：乾道元寶真書折二背上松（張）
特徵：長寶，退乾，6.04g，26.9mm
等級：8

D257：乾道元寶真書折二背上松（張）
特徵：斜寶，昂松，4.48g，26.2mm
等級：8

D258：乾道元寶真書折二背上松（兩宋鐵錢）
特徵：廣郭，大字
等級：8

D259：乾道元寶真書折二背上松（戴大慶）
特徵：四字離郭
等級：8

D260：乾道元寶真書折二背上松（兩宋鐵錢）
特徵：廣穿，大字，寬字
等級：8

D261：乾道元寶真書折二背上松（戴大慶）
特徵：道首左傾
等級：8

D262：乾道元寶真書折二背上松（戴大慶）
特徵：離寶，背寬周郭
等級：8

D263：乾道元寶真書折二背上松（戴大慶）
特徵：小樣，昂松
等級：8

D264：乾道元寶真書折二背上松（戴大慶）
特徵：小樣，短左足元
等級：8

D265：乾道元寶篆書折二背上松
　　　（高郵鐵錢）
特徵：稀見品
等級：2

D266：乾道元寶真書折二背左松
　　　（中國鐵錢精品圖錄）
特徵：正字
等級：8

D267：乾道元寶真書折二背左松（張）
特徵：點元，4.94g，26.9mm
等級：8

D268：乾道元寶真書折二背左松
　　　（高郵鐵錢）
特徵：長寶，降元
等級：8

D269：乾道元寶真書折二背左松
　　　（高郵鐵錢）
特徵：元末筆方折
等級：8

D270：乾道元寶篆書折二背左松（張）
特徵：背闊緣，6.10g，27.2mm
等級：8

D271：乾道元寶真書折二背下松
　　　（高郵鐵錢）
特徵：小字，降元
等級：8

D272：乾道元寶真書折二背下松
　　　（高郵鐵錢）
特徵：正字
等級：8

D273：乾道元寶真書折二背下松
　　　（高郵鐵錢）
特徵：大字，寬乾，背寬周郭
等級：8

D274：乾道元寶真書折二背下松（張）
特徵：寬道首，5.92g，27.0mm
等級：8

D275：乾道元寶真書折二背下松（張）
特徵：長寶，左挑元，6.23g，27.1mm
等級：8

D276：乾道元寶真書折二背下松
　　　（兩宋鐵錢）
特徵：道首右傾
等級：8

D277：乾道元寶真書折二背下松（戴大慶）
特徵：長首道
等級：8

D278：乾道元寶真書折二背下松（張）
特徵：小樣，短左足元，6.05g，26.7mm
等級：8

D279：乾道元寶真書折二背下松（馬馳）
特徵：元字首筆特長
等級：8

D280：乾道元寶真書折二背下左雙松
　　　（陸漢光）
特徵：錯版
等級：

D281：乾道元寶篆書折二背下松（張）
特徵：小松，稀品5.86g，26.9mm
等級：3

D282：乾道元寶篆書折二背下松（張）
特徵：大松，稀品，4.88g，26.2mm
等級：3

D283：乾道元寶真書折二背上松下星（張）
特徵：稀品，4.85g，26.2mm
等級：3

D284：乾道元寶真書折二背下松上星（張）
特徵：稀品，6.62g，27.0mm
等級：3

D285：乾道元寶真書折二背上下雙松（張）
特徵：稀珍錯版，5.20g，26.0mm
等級：

D286：乾道元寶篆書折二背左松下仰月
　　　（馬馳）
特徵：正字，寬方貝寶
等級：8

D287：乾道元寶篆書折二背左松下仰月
　　　（張）
特徵：正字，長首道，4.08g，28.0mm
等級：8

D288：乾道元寶篆書折二背左松下仰月
　　　（高郵鐵錢）
特徵：縮乾
等級：8

D289：乾道元寶篆書折二背左松下仰月
　　　（高郵鐵錢）
特徵：小樣長寶
等級：8

D290：乾道元寶篆書折二背左松下仰月
　　　（張）
特徵：細緣，寬寶，7.40g，26.9mm
等級：8

D291：乾道元寶篆書折二背左松下仰月上星
　　　（張）
特徵：珍稀品，7.16g，27.6mm
等級：3

D292：乾道元寶篆書折二背下松上仰月
　　　（張）
特徵：珍稀品，4.95，27.0mm
等級：3

D293：乾道元寶篆書折二背左松下俯月孕星
　　　（張）
特徵：極稀珍，5.92g，27.2mm
等級：2

D294：乾道元寶真書折二背上冶（張）
特徵：小元，6.63g，27.2mm
等級：6

D295：乾道元寶真書折二背上冶（張）
特徵：短寶，元足圓折，5.49g，27.9mm
等級：6

D296：乾道元寶真書折二背上冶（戴大慶）
特徵：細字，元足方折，大冶
等級：6

D297：乾道元寶真書折二背上冶（張）
特徵：正字，短寶
等級：6

D298：乾道元寶真書折二背上冶左星
　　　（失考）
特徵：稀見品
等級：4

D299：乾道元寶篆書折二背上冶（張）
特徵：小字，降道，6.35g，27.1mm
等級：6

D300：乾道元寶篆書折二背上冶（陸漢光）
特徵：寬緣，大字
等級：6

D301：乾道元寶篆書折二背上冶（馬馳）
特徵：正字
等級：6

D302：乾道元寶篆書折二背上冶（張）
特徵：大樣，異冶，6.71g，27.5mm
等級：6

D303：乾道元寶真書折二背上廣
　　　（中國古幣真假辨別入門）
特徵：小廣
等級：6

D304：乾道元寶真書折二背上廣（張）
特徵：大廣，6.80g，28.0mm
等級：5

D305：乾道元寶真書折二背上正（張）
特徵：小字，5.19g，26.0mm
等級：4

D306：乾道元寶真書折二背上正（宋錢大觀）
特徵：粗字，大元
等級：4

D307：乾道元寶真書折二背上正（張）
特徵：大樣大字，廣穿，4.24g，28.0mm
等級：4

D308：乾道元寶篆書折二背上正下星（張）
特徵：稀珍，僅見，6.28g，29.0mm
等級：1

D309：乾道元寶真書折二背上正下行
　　　（中國鐵錢精品圖錄）
特徵：出處不明
等級：1

D310：乾道元寶真書折二背上裕（張）
特徵：廣穿，小乾，小裕，5.96g，28.9mm
等級：6

D311：乾道元寶真書折二背上裕
　　　（兩宋鐵錢）
特徵：大樣，中裕
等級：6

D312：乾道元寶真書折二背上裕
　　　（兩宋鐵錢）
特徵：大裕，背廣郭
等級：6

D313：乾道元寶真書折二背上裕（張）
特徵：大裕，短寶，5.80g，28，1mm
等級：6

D314：乾道元寶真書折二背上裕（戴大慶）
特徵：窄貝寶，中裕
等級：6

D315：乾道元寶真書折二背上下雙裕
　　　（中國錢幣2003/1）
特徵：錯版
等級：

D316：乾道元寶真書折二背上豐
　　　（中國錢幣2003/1）
特徵：小豐，小字
等級：6

D317：乾道元寶真書折二背上豐（張）
特徵：小豐，小元，5.94g，28.0mm
等級：6

D318：乾道元寶真書折二背上豐（戴大慶）
特徵：小豐，廣穿，降寶，大元
等級：6

D319：乾道元寶真書折二背上豐（戴大慶）
特徵：闊緣，小豐，降寶，大元
等級：4

D320：乾道元寶真書折二背上豐（戴大慶）
特徵：中豐，升道
等級：6

D321：乾道元寶真書折二背上豐
　　　（高郵鐵錢）
特徵：中豐，升寶，降元
等級：6

D322：乾道元寶真書折二背上豐（張）
特徵：大豐，寬元，6.33g，29.0mm
等級：6

D323：乾道元寶真書折二背上豐
　　　（兩宋鐵錢）
特徵：寬緣，合足元，大豐
等級：6

D324：乾道元寶真書折二背上豐（張）
特徵：大豐，昂寶，窄乾，4.65g，28.5mm
等級：6

D325：乾道元寶真書折二背上豐
　　　（高郵鐵錢）
特徵：大豐，乾乙圓折，降元
等級：6

D326：乾道元寶真書折二背上豐
　　　（高郵鐵錢）
特徵：大豐，升豐
等級：6

D327：乾道元寶真書折二背上豐（戴大慶）
特徵：大豐，升寶，左元
等級：6

D328：乾道元寶篆書折二背上豐（張）
特徵：小豐，方冠寶3.63g，27.0mm
等級：6

D329：乾道元寶篆書折二背上豐
　　　（中國幣1994/4）
特徵：闊緣，中寬豐
等級：6

D330：乾道元寶篆書折二背上豐
　　　（高郵鐵錢）
特徵：大豐，圓冠寶，昂豐
等級：6

D331：乾道元寶篆書折二背上豐
　　　（高郵鐵錢）
特徵：大豐，寬豐，方冠寶
等級：6

D332：乾道元寶篆書折二背下豐（張）
特徵：寬緣，稀珍，6.63g，29.0mm
等級：2

D333：乾道元寶篆書折二背下豐
　　　（高郵鐵錢）
特徵：大豐，廣穿，細緣
等級：2

D334：乾道元寶真書折二背左豐（張）
特徵：稀珍，僅見，4.87g，27.0mm
等級：1

D335：乾道元寶真書折二背上泉
　　　（中國鐵錢精品圖錄）
特徵：稀珍，僅見
等級：1

D336：乾道元寶篆書折二背上泉
　　　（中國錢辭南宋卷）
特徵：稀珍
等級：1

D337：乾道元寶篆書折二背篆安（熊彥）
特徵：寬緣，大字，圓只寶，少見
等級：2

D338：乾道元寶篆書折二背篆安
　　　（兩宋鐵錢）
特徵：寬緣，大字，少見
等級：2

D339：乾道元寶篆書折二背篆安（張）
特徵：細緣，小字，少見，5.88g，26.1mm
等級：2

D340：乾道元寶篆書折二背遼篆安
　　　（呂紹奇）
特徵：昇寶，寶貝下移，少見
等級：2

D341：乾道元寶真書折二背上邛（張）
特徵：長寶，道首右斜，7.47g，27.5mm
等級：8

D342：乾道元寶真書折二背上邛（張）
特徵：短道，大元，升元，7.71g，28.3mm
等級：8

D343：乾道元寶真書折二背上邛（張）
特徵：小樣，大寶，8.67g，27.6mm
等級：8

D344：乾道元寶真書折二背上邛（兩宋鐵錢）
特徵：寬元
等級：8

D345：乾道元寶真書折二背上邛（張）
特徵：厚重，小寶，13.49g，29.2mm
等級：8

D346：乾道元寶真書折二背上邛
　　　（兩宋鐵餞）
特徵：廣穿，大字，異[邛]
等級：8

D347：乾道元寶真書折二背上邛（張）
特徵：左長足元，異[邛]，10.55g，28.3mm
等級：8

D348：乾道元寶篆書折二背上邛（張）
特徵：較真書少見，8.01g，28.8mm
等級：5

E.純熙元寶，淳熙元寶，通寶（1174-1189）

　　淳熙年號是孝宗第三也是最後的年號，是南宋使用較長的年號之一。高郵出土中發現少數純熙元寶背同小平錢，因純熙在南宋史上並無此年號，立即引起錢幣界甚至史學界的關注。經查文獻於乾道九年十一月九日之前已詔明年改元純熙，六天之後改為淳熙，在此短短數天內，舒州同安監便極為有效率鑄出少量純熙元寶背同小平錢。至今已發現的純熙錢數量不多（大約十來枚），但版式卻甚多，至少有八版，幾乎枚枚為不同細分版（E001-E008），由常理推斷這批純熙錢很可能全是由祖彫錢直接范鑄，因在短短幾天之內不可能經由祖彫錢先鑄成母錢再鑄行用錢。淳熙七年起在錢背加鑄紀年（蘄春、同安與宿松三監），是世界上最早的紀年錢，意義頗為重大。淳熙七至十三年分別出了不少紀年但無紀監之折二錢（E214-E234），其中不少是銅錢版。未紀年之背春、同、與松錢當係淳熙七年之前所鑄，其他鐵錢監如廣、冶、裕、豐、泉與四川的邛利僅紀監未紀年，是否於淳熙七年之前所鑄造目前尚無定論。淳熙元寶小平空背錢有真書（E011-E015）與篆書（E016-E018）兩種，真書較常見篆書則甚稀見，淳熙元寶小平背春錢（E021-E024）只見真書未見篆書，另有淳熙元寶小平背上春下月孕星（E025-E028）。淳熙元寶小平背上同（E065-E074）大多屬常品，有一枚背穿下同（E075）則稀見，淳熙元寶小平背上同帶星者均是少見品，帶右星（E077），帶下星（E078），與帶左右双星（E079）等三種。淳熙元寶小平背上真書泉（E138）則是稀見品。最近更出現淳熙元寶小平背上真書泉下月孕星（E139大泉、E140小泉）更是難得一見珍品。淳熙元寶小平背上利（E141）是四川利州所鑄亦不多見。淳熙元寶小平另出背舒同（E119-E122）、舒同右月（E123-E124）、舒松右月（E137）、其中以舒松月最稀見。乾道淳熙年間是南宋鑄行鐵錢最鼎盛時期，版式繁多變化極大。朝廷似對各錢監鑄鐵錢少有嚴格規範，所以各錢監之間也各有不同錢式。變化最繁雜也最為鐵錢藏家喜愛的首推蘄春監，如背春紀年淳熙元寶小平錢春七錢其面文可分真篆兩體（E029-E031），春八改為隸書（E032-E034），春九為篆書（E035）。淳熙十年變化更大，有真書背春拾（E036），篆書春十（E037、E038），也出現一枚隸書通寶背春十（E039）。十一年僅見元寶篆書春十一（E040）。十二年為對讀淳熙通寶，分為春十二（E041）與十二下

（E042-E046）兩種，其中有一枚較為特殊書法其下字成「彳」字（E042），另出一枚僅見之背春十二下右月（E047），而最近亦出現了一枚十分珍稀且奇特的旋讀淳熙通寶小平背春十二下（E048）。十三年為隸書通寶背春十三（E049-E051），十四年除了通寶隸書（E052-E055）外，高郵出土中出現一枚僅有的篆書淳熙元寶背春十四（E056），十五年有真書元寶（E057、E058）及隸書通寶，通寶又分對讀（E059）與旋讀（E060）兩種。十六年與十五年相同,共有三種，元寶真書（E061）通寶真書旋讀（E062），與通寶隸書直讀（E063、E064）。淳熙元寶小平背上同紀年錢變化就相對少多了，由同柒至同十四為元寶，十五年則鑄元寶（E108,E109）與通寶背同十五直讀（E110、E111），十六年也同樣有元寶（E112）與通寶（E113），均屬稀少品，有趣的是十六年也同時鑄造旋讀淳熙通寶背橫讀同十六（E114-E115）與對讀淳熙通寶背橫讀同十六（E116-E118），而相較之下淳熙元寶小平背上松紀年錢變化就更少了，由松柒到松十（E129-E136），因淳熙十年五月已下詔廢宿松監所以只鑄造到松十為止。淳熙折二空背錢可分元寶與通寶兩種，細分則品種繁多，淳熙元寶折二空背錢又有真書（E142-E174）、隸書（E175-E180）、篆書（E182-E191）及三書體（E181），其中篆書出現一枚双熙寶怪錢（E192），應是一枚試鑄錢。淳熙通寶折二空背錢遠少於元寶，又可分旋讀（E193-E195）與對讀（E196）兩種。淳熙折二背春紀年錢品種更加繁雜，淳熙七年品種最多，有元寶真書春柒（E249）、元寶隸書春柒（E250）、元寶草篆春柒（E251）、元寶篆書春柒（E252-E256）、元寶篆書春七（E257、E258）與所僅見通寶篆書元寶春七（E259）。八年基本上全是隸書元寶春捌，但也出現一枚少見的篆書春捌（E268）。淳熙九年為真書元寶春玖（E269-E271）及隸書元寶春玖（E272-E275），另出現一枚至今所僅見之元寶春玖三書體（真、篆、行三書共存）（E277）。淳熙十年則分別出真書元寶背春拾（E278-E284）、草篆元寶背春拾（E285，拾字不清楚）及篆書元寶背春拾（E286-E288）。淳熙十一年又改為對讀（E289-E295）及旋讀（E296-E299）兩種淳熙通寶背春十一，但也出現一枚稀見的真書淳熙元寶春十一（E288），應是於淳熙十一年初期所鑄時間甚短之後就因故改鑄為淳熙通寶錢。高郵出土中出現一枚僅見之折三型淳熙通寶背春十一折三型大錢（E300，31.6mm），推測可能是試鑄錢。十二年主要鑄旋讀淳熙通寶背春十二錢（E301-E304），但也出現一枚稀見

的對讀淳熙通寶背春十二錢（E306），如同小平錢，淳熙通寶折二也出背春十二下（E307、E308）。另有一枚稍特殊錢，淳熙通寶折二背春十二下左一（E309）。錢幣在淳熙十三至十六年基本上變化不大，只鑄旋讀通寶錢。有一枚淳熙通寶折二背春廿五（E321），應是春十五鑄匠之戲作品。淳熙元寶折二真書背春（E235-E241）版式甚多但全是普品。淳熙元寶折二篆書背上春下俯月（E242）為少見品，淳熙元寶折二真書背上春下俯月孕星（E243-E246）版式亦不少，其中篆書折二背春月孕星（E247）則甚稀見。最難得一見的是一枚淳熙通寶背上春下俯月孕星（E248），其俯月特長接緣為目前僅見珍稀品。淳熙背同與背松錢相對於背春錢變化就較少，且未曾出現過任何篆書錢。淳熙元寶折二背單字同分為穿上同（E325-E333），均為常見品。一枚淳熙元寶折二背穿上同穿下俯月孕星（E341）是稀見品，淳熙元寶折二背上同下柒（E343-E346）則為常見品。最近出現一枚淳熙元寶折二背同七之僅見品，淳熙元寶折二背上同下十出現二枚奇異錢，其十字多一橫畫（E357）及多一直畫（E358）。淳熙元寶折二背同十三其十三一般為直寫（E369-E371），但卻出現一枚橫寫十三（E372），有可能是同十五之缺筆所造成，另外淳熙元寶折二背同十五一般十五是橫讀（E379-E381），最近發現一枚其十五是直讀（E382），由此可見那枚橫讀同十三（E372）出現也不屬意外。淳熙元寶折二背同十五出了一枚面文較特別，其熙臣書法與眾不同（E380）。淳熙十五年也同時出現淳熙通寶背同十五（E373-E376），而淳熙通寶背同十六則改為橫讀（E387-E393）。淳熙年號只有十六年，但卻出現一枚淳熙通寶背同十七（E394，待考品）。淳熙元寶折二背單字松一般為穿上松（E404-E408），但也有少量穿下松錢出現（E409、E410）。淳熙十年五月下詔廢宿松監，但卻有這枚淳熙元寶折二背松十一（E422）錢的出現，實在頗為奇怪。淳熙元寶小平與折二有大量空背及各種背星月錢，這些錢因不鑄紀年，一直被懷疑是淳熙七年之前所鑄，但目前尚無明確證據。淳熙背星月錢品種極為繁多且陸續有新種出現，其中又以折二錢為代表。淳熙元寶折二帶星錢目前僅見一枚真書背穿下單星（E197），淳熙元寶折二帶月者至今出現有真書穿上仰月（E198）、篆書穿上俯月（E199）、篆書穿下俯月（E200）等三種。淳熙背星月錢品種甚多，且陸續也有新品種出現，其中較常見的是背上仰月下星者（E201-E204），真篆成對，更難得的是其篆書又分兩種書法，熙字的組合上分為上下（E303）及左

右（E204）兩種。其他稀見星月錢有篆書上俯月下星（E205）、篆書上星下俯月（E206）、真書左星右外向月（E207、E208）、真書左內向月右星（E209）及真書左外向月右星（E210）。還有一枚淳熙元寶篆書背穿左二也是相當奇特（E212）。淳熙錢也出現元寶與通寶小型錢子（E009、E010），推斷應是四川私鑄。有一枚四川折三錯置錢，背上仰月孕二星右四左七（E213），應是在鑄造紹熙元寶時誤植先朝淳熙元寶折三錢。淳熙元寶折二背裕所見全是單字裕（E440-E444），近年出現一枚背上裕下星（E445）。淳熙元寶折二背豐錢一般是真書穿上單字豐（E446-E455），有大中小豐之分，其中有一枚穿下倒豐（E456）頗為奇異。另高郵出上一枚篆書穿下豐（E457）也頗稀見。最近也出現篆書上豐下俯月（E458-E460）也少見。淳熙元寶折二背泉較少見，一般所見為篆泉（E477-E479），可分大泉（E477、E478）與小泉（E479）。近年發現一枚背真書泉（E480）十分珍稀。早期泉刊出現一枚似折三型篆書淳熙元寶背利（E476），係前台灣張壽平教授之舊藏，因未見實物不知其真偽。

E001：純熙元寶小平背上同
　　　（中國錢幣1987/2）
特徵：熙字四長點
等級：1

E002：純熙元寶小平背上同（宋錢大觀）
特徵：純糸接緣
等級：1

E003：純熙元寶小平背上同（高郵鐵錢）
特徵：凸臣熙，窄貝寶
等級：1

E004：純熙元寶小平背上同（張）
特徵：斜目臣熙，降屯純，4.69g，24.1mm
等級：1

E005：純熙元寶小平背上同（蔡啓祥）
特徵：小樣，特大寶
等級：1

E006：純熙元寶小平背上同（葉鳴）
特徵：正目臣熙，長寶，屯上勾，背大同
等級：1

E007：純熙元寶小平背上同（葉鳴）
特徵：寬純，寬元
等級：1

E008：純熙元寶小平背上同（呂紹奇）
特徵：糸屯分離
等級：1

E009：淳熙元寶小型錢子（張）
特徵：旋讀，四川私鑄，2.77g，20.0mm
等級：3

E010：淳熙通寶小型錢子（張）
特徵：直讀，四川私鑄，3.51g，20.8mm
等級：3

E011：淳熙元寶真書小平空背（兩宋鐵錢）
特徵：廣穿，分足元
等級：7

E012：淳熙元寶真書小平空背（兩宋鐵錢）
特徵：廣穿，狹元
等級：7

E013：淳熙元寶真書小平空背（張）
特徵：面背闊緣
等級：7

E014：淳熙元寶真果小平空背（張）
特徵：升熙，右斜寶，5.53g，24.5mm
等級：7

E015：淳熙元寶真書小平空背（張）
特徵：廣穿，升寶6.33g，23.0mm
等級：7

E016：淳熙元寶篆書小平空背（兩宋鐵錢）
特徵：大字，少見
等級：4

E017：淳熙元寶篆書小平空背（兩宋鐵錢）
特徵：小字，少見
等級：4

E018：淳熙元寶篆書小平空背（張）
特徵：粗字，長足寶，少見5.56g，24.0mm
等級：4

E019：淳熙元寶真書小平背上春（鐵錢精品）
特徵：細字
等級：7

E020：淳熙元寶真書小平背上春（張）
特徵：左挑元，4.10g，23.2mm
等級：7

E021：淳熙元寶真書小平背上春（張）
特徵：寶右足長，4.33g，23.2mm
等級：7

E022：淳熙元寶真書小平背上春（戴大慶）
特徵：元字首筆左傾
等級：7

E023：淳熙元寶真書小平背上春（戴大慶）
特徵：寬貝寶
等級：7

E024：淳熙元寶真書小平背上春（戴大慶）
特徵：窄貝寶
等級：7

E025：淳熙元寶真書小平背上春下俯月孕星
　　　（兩宋鐵錢）
特徵：大樣，大字，背寬緣
等級：7

E026：淳熙元寶真書小平背上春下俯月孕星
　　　（張）
特徵：小樣，3.82g，23.0mm
等級：7

E027：淳熙元寶真書小平背上春下俯月孕星
　　　（鐵錢精品）
特徵：短月，高郵鐵錢
等級：7

E028：淳熙元寶真書小平背上春下俯月孕星
　　　（張）
特徵：背月成角型，6.10g，24.0mm
等級：6

E029：淳熙元寶真書小平背上春下七
　　　（高郵鐵錢）
特徵：極稀珍
等級：1

E030：淳熙元寶篆書小平背上春下七
　　　（張）
特徵：小樣，較少見，4.04g，23.1mm
等級：4

E031：淳熙元寶篆書小平背上春下七
　　　（高郵鐵錢）
特徵：大樣，較少見
等級：4

E032：淳熙元寶想隸書小平背上春下八
　　　（張）
特徵：合八，較少見，3.07g，23.0mm
等級：5

E033：淳熙元寶想隸書小平背上春下八
　　　（戴大慶）
特徵：分八降元，較少見
等級：5

E034：淳熙元寶隸書小平背上春下八
　　　（高郵鐵錢）
特徵：淳上成合，少見
等級：4

E035：淳熙元寶篆書小平背上春下九
　　　（兩宋鐵錢）
特徵：極珍稀
等級：1

E036：淳熙元寶真書小平背上春下拾
　　　（張）
特徵：極珍稀2.13g，23.4mm
等級：1

E037：淳熙元寶篆書小平背上春下十（張）
特徵：小字4.63g，23.1mm
等級：5

E038：淳熙元寶篆書小平背上春下十（張）
特徵：大字4.20g，23.1mm
等級：5

E039：淳熙通寶真書小平背上春下十
　　　（兩宋鐵錢）
特徵：珍稀
等級：1

E040：淳熙元寶篆書小平背上春下十一
　　　（兩宋鐵錢）
特徵：珍稀
等級：1

E041：淳熙通寶真書對讀小平背上春下
　　　十二（張）
特徵：較長見，5.01g，23.0mm
等級：7

E042：淳熙通寶真書對讀小平背上春下下
　　　十二（高郵鐵錢）
特徵：下字成 彳，稀見
等級：3

E043：淳熙通寶真書對讀小平背上春下下
　　　十二（張）
特徵：下字首筆右傾，4.58g，23.2mm
等級：7

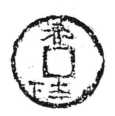

E044：淳熙通寶真書對讀小平背上春下下
　　　十二（戴大慶）
特徵：大字，下與十二分離
等級：7

E045：淳熙通寶真書對讀小平背上春下下
　　　十二（戴大慶）
特徵：昂淳，短寶蓋
等級：7

E046：淳熙通寶真書對讀小平背上春下下
　　　十二（戴大慶）
特徵：長點熙
等級：7

E047：淳熙通寶真書對讀小平背上春下下
　　　十二右外彎月（兩宋鐵錢）
特徵：稀見
等級：4

E048：淳熙通寶真書旋讀小平背上春下下
　　　十二（張）
特徵：首見稀珍品，5.30g，24.0mm
等級：1

E049：淳熙通寶真書對讀小平背上春下
　　　　十三（張）
特徵：長目熙，3.61g，23.5mm
等級：7

E050：淳熙通寶真書對讀小平背上春下
　　　　十三（高郵鐵錢）
特徵：短熙，昂寶
等級：7

E051：淳熙通寶真書對讀小平背上春下
　　　　十三（戴大廣）
特徵：長寶，異熙
等級：7

E052：淳熙通寶真書對讀小平背上春下
　　　　十四（張）
特徵：大字，4.50g，23.5mm
等級：7

E053：淳熙通寶真書對讀小平背上春下
　　　　十四（張）
特徵：小字，小樣，3.96g，23.0mm
等級：7

E054：淳熙通寶真書對讀小平背上春下
　　　十四（戴大慶）
特徵：大樣，大字，廣穿
等級：7

E055：淳熙通寶真書對讀小平背上春下
　　　十四（戴大慶）
特徵：小字，寬緣，隔輪
等級：6

E056：淳熙元寶篆書旋讀小平背上春下
　　　十四（高郵鐵錢）
特徵：僅見稀珍
等級：1

E057：淳熙元寶真書旋讀小平背上春下
　　　十五（兩宋鐵錢）
特徵：稀見品
等級：2

E058：淳熙元寶真書旋讀小平背上春下
　　　十五（高郵鐵錢）
特徵：大字，稀見品
等級：2

E059：淳熙通寶真書對讀小平背上春下
　　　十五（張）
特徵：新出土首見，稀珍4.23g，23.0mm
等級：1

E060：淳熙通寶真書旋讀小平背上春下
　　　十五（中國錢幣大辭典）
特徵：最近出土，稀珍
等級：2

E061：淳熙元寶真書直讀小平背上春下
　　　十六（兩宋鐵錢）
特徵：稀少品
等級：2

E062：淳熙通寶真書旋讀小平背上春下
　　　十六（高郵鐵錢）
特徵：少見
等級：3

E063：淳熙通寶真書對讀小平背上春下
十六（兩宋鐵錢）
特徵：大字，大樣，少見
等級：3

E064：淳熙通寶真書對讀小平背上春下
十六（張）
特徵：背小字，少見，4.20g，23.0mm
等級：3

E065：淳熙元寶真書小平背上同（戴大慶）
特徵：窄熙已
等級：8

E066：淳熙元寶真書小平背上同（戴大慶）
特徵：短寶左斜元
等級：8

E067：淳熙元寶真書小平背上同（戴大慶）
特徵：左挑元，長臣熙
等級：8

E068：淳熙元寶真書小平背上同
　　　（兩宋鐵錢）
特徵：大字，背寬周郭
等級：8

E069：淳熙元寶真書小平背上同（張）
特徵：小寶，背斜同，4.94g，24.0mm
等級：8

E070：淳熙元寶真書小平背上同（張）
特徵：長足寶，淳水離亨，4.90g，
　　　24.5mm
等級：8

E071：淳熙元寶真書小平背上同（戴大慶）
特徵：離足寶，異熙，角折元
等級：8

E072：淳熙元寶真書小平背上同（戴大慶）
特徵：降元，人足寶
等級：8

E073：淳熙元寶真書小平背上同（張）
特徵：特長寶，4.48g，23.2mm
等級：8

E074：淳熙元寶真書小平背上同
　　　（高郵鐵錢）
特徵：廣穿，離足寶，背廣郭
等級：8

E075：淳熙元寶真書小平背下同
　　　（兩宋鐵錢）
特徵：少見品
等級：4

E076：淳熙元寶真書小平背上下雙同
　　　（戴大慶）
特徵：錯版
等級：4

E077：淳熙元寶真書小平背上同右星
　　　（陸漢光）
特徵：稀見品
等級：4

E078：淳熙元寶真書小平背上同下星（張）
特徵：稀見品，5.28g，23.8mm
等級：3

E079：淳熙元寶真書小平背上同左右雙星
　　　（陸漢光）

特徵：稀少品

等級：3

E080：淳熙元寶真書小平背上同下柒
　　　（高郵鐵錢）

特徵：短貝寶，寬熙

等級：8

E081：淳熙元寶真書小平背上同下柒（張）

特徵：元字次筆左傾，四長點熙，5.11g，
　　　24.2mm

等級：8

E082：淳熙元寶真書小平背上同下柒
　　　（戴大慶）

特徵：正字，降元，離足寶

等級：8

E083：淳熙元寶真書小平背上同下柒（張）

特徵：熙足四點同向，4.81g，23.0mm

等級：8

E084：淳熙元寶真書小平背上同下捌（張）
特徵：小字，5.10g，24mm
等級：8

E085：淳熙元寶真書小平背上同下捌
　　　（戴大慶）
特徵：大字，大王寶
等級：8

E086：淳熙元寶真書小平背雙同雙捌
　　　（戴大慶）
特徵：錯版
等級：6

E087：淳熙元寶真書小平背上同下九
　　　（戴大慶）
特徵：點足離寶，元足圓折
等級：7

E088：淳熙元寶真書小平背上同下九
　　　（戴大慶）
特徵：元右足方折，右斜同
等級：7

E089：淳熙元寶真書小平背上同下九（張）
特徵：點元，元足離二
等級：7

E090：淳熙元寶真書小平背上同下十
　　　（高郵鐵錢）
特徵：大寶，正元
等級：8

E091：淳熙元寶真書小平背上同下十（張）
特徵：長寶，縮元，4.39g，24.0mm
等級：8

E092：淳熙元寶真書小平背上同下十（張）
特徵：降元，短足寶4.36g，24.0mm
等級：8

E093：淳熙元寶真書小平背上同下十
　　　（戴大慶）
特徵：降元，小熙已
等級：8

E094：淳熙元寶真書小平背上同下十
　　　（戴大慶）
特徵：降元，寶熙右斜
等級：8

E095：淳熙元寶真書小平背上同下十一
　　　（戴大慶）
特徵：大元
等級：8

E096：淳熙元寶真書小平背上同下十一
　　　（張）
特徵：小元，4.61g，24.0mm
等級：8

E097：淳熙元寶真書小平背上同下十二
　　　（戴大慶）
特徵：窄熙，升寶
等級：8

E098：淳熙元寶真書小平背上同下十（張）
特徵：長寶，4.27g，24.0mm
等級：8

E099：淳熙元寶真書小平背上同下十（張）
特徵：狹元，右斜同，4.57g，24.0mm
等級：8

E100：淳熙元寶真書小平背上同下十
　　　（兩宋鐵錢）
特徵：熙目右斜
等級：8

E101：淳熙元寶真書小平背上同下十三
　　　（戴大慶）
特徵：水亨分離
等級：8

E102：淳熙元寶真書小平背上同下十三
　　　（戴大慶）
特徵：大熙
等級：8

E103：淳熙元寶真書小平背上同下十三
　　　（張）
特徵：左挑元，4.63g，23.0mm
等級：8

E104：淳熙元寶真書小平背上同下十三
　　　（戴大慶）
特徵：點元
等級：8

E105：淳熙元寶真書小平背上同下十三
　　　（兩宋鐵錢）
特徵：大字，大樣
等級：8

E106：淳熙元寶真書小平背上同下十四
　　　（戴大慶）
特徵：離郭，大寶，水享分離
等級：8

E107：淳熙元寶真書小平背上同下十四
　　　（張）
特徵：短淳，4.72g，24.0mm
等級：8

108：淳熙元寶真書小平背上同下十五（張）
特徵：小字，點元，點足寶，4.23g，
　　　23.9mm
等級：8

E109：淳熙元寶真書小平背上同下十五
　　　（戴大慶）
特徵：長足寶，大元
等級：8

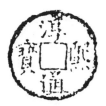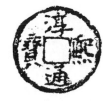

E110：淳熙通寶旋讀真書小平背上同下
　　　　十五（戴大慶）
特徵：長通
等級：8

E111：淳熙通寶旋讀真書小平背上同下
　　　　十五（張）
特徵：短通，5.24g，23.5mm
等級：8

E112：淳熙元寶旋讀真書小平背上同下
　　　　十六（中國錢幣2002）
特徵：背寬緣，稀見
等級：3

E113：淳熙通寶旋讀真書小平背上同下
　　　　十六（張）
特徵：稀見，3.49g，23.8mm
等級：3

E114：淳熙通寶旋讀真書小平背右同左
　　　　十六（張）
特徵：水享合，4.30g，24.0mm
等級：7

E115：淳熙通寶旋讀真書小平背右同左
　　　　十六（戴大慶）
特徵：水享分，大己熙
等級：7

E116：淳熙通寶對讀真書小平背右同左
　　　十六（戴大慶）
特徵：長通右傾
等級：7

E117：淳熙通寶對讀真書小平背右同左
　　　十六（張）
特徵：寬熙，寬通，3.65g，24.0mm
等級：7

E118：淳熙通寶對讀真書小平背右同左
　　　十六（戴大慶）
特徵：長通左傾，背中緣
等級：7

E119：淳熙元寶旋讀真書小平背上舒下同
　　　（張）
特徵：小字，小樣，離足寶，2.52g，
　　　23.0mm
等級：6

E120：淳熙元寶旋讀真書小平背上舒下同
　　　（兩宋鐵錢）
特徵：正字，大字
等級：6

E121：淳熙元寶旋讀真書小平背上舒下同
　　　（戴大慶）
特徵：元左足分離接緣
等級：6

D122：淳熙元寶旋讀真書小平背上舒下同
　　　（戴大慶）
特徵：大分足元，寶左斜
等級：6

E123：淳熙元寶旋讀真書小平背上舒下同
　　　右外向月（戴大慶）
特徵：方只寶，小舒
等級：4

E124：淳熙元寶旋讀真書小平背上舒下同
　　　右外向月（張）
特徵：降元，大舒，3.65g，24.2mm
等級：4

E125：淳熙元寶小平背上松（戴大慶）
特徵：小樣，昂元，寬貝寶
等級：7

E126：淳熙元寶小平背上松（張）
特徵：大已熙，4.12g，24.3mm
等級：7

E127：淳熙元寶小平背上松（戴大慶）
特徵：寬元，長足寶
等級：7

E128：淳熙元寶小平背上松（陸漢光）
特徵：狹穿，小元
等級：7

E129：淳熙元寶小平背上松下柒（戴大慶）
特徵：元字末筆角折，異熙
等級：7

E130：淳熙元寶小平背上松下柒（張）
特徵：進元，3.86g，23.2mm
等級：7

E131：淳熙元寶小平背上松下柒（戴大慶）
特徵：元字左足短，右足圓折
等級：6

E132：淳熙元寶小平背上松下捌（戴大慶）
特徵：斜熙己
等級：5

E133：淳熙元寶小平背上松下捌（張）
特徵：大正熙，少見，3.79g，24.0mm
等級：5

E134：淳熙元寶小平背上松下捌（戴大慶）
特徵：少見，人異熙
等級：5

E135：淳熙元寶小平背上松下九（張）
特徵：極稀見，2.62g，23.5mm
等級：3

E136：淳熙元寶小平背上松下十（張）
特徵：首見稀珍3.67g，23.8mm
等級：2

E137：淳熙元寶小平背上舒下松右月（張）
特徵：珍稀，2.96g，23.8mm
等級：3

E138：淳熙元寶小平背上真書泉（張）
特徵：稀珍首見，4.04g，23.0mm
等級：2

E139：淳熙元寶小平背上真書泉穿下仰月
　　　孕星（張）
特徵：大泉，十分稀珍，3.12g，23.0mm
等級：1

E140：淳熙元寶小平背上真書泉穿下仰月
　　　孕星（呂紹奇）
特徵：小泉，十分稀珍
等級：1

E141：淳熙元寶小平背上利（兩宋鐵錢）
特徵：左斜元
等級：7

E142：淳熙元寶折二空背（張）
特徵：大字，大樣，背廣郭廣緣，6.33g，
29.3mm
等級：7

E143：淳熙元寶折二空背（高郵鐵錢）
特徵：細緣，大字，寬貝寶
等級：8

E144：淳熙元寶折二空背（張）
特徵：細緣，短足寶，斜元，4.44g，28.0mm
等級：9

E145：淳熙元寶折二空背（戴大慶）
特徵：離寶，縮元
等級：9

E146：淳熙元寶折二空背（張）
特徵：升寶，離足寶，6.15g，27.0m.
等級：9

E147：淳熙元寶折二空背（戴大慶）
特徵：接郭，小熙己
等級：9

E148：淳熙元寶折二空背
　　　（錢幣大辭典南宋卷）
特徵：窄穿，長子淳
等級：7

E149：淳熙元寶折二空背（戴大慶）
特徵：中穿，大熙己，斜熙臣
等級：8

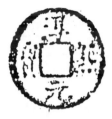 

E150：淳熙元寶折二空背（戴大慶）
特徵：中穿，元右足圓折
等級：8

E151：淳熙元寶折二空背（張）
特徵：中穿，左斜熙，左桃元，5.98g，
　　　27.0mm
等級：9

 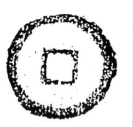

E152：淳熙元寶折二空背（戴大慶）
特徵：中穿，1目熙
等級：9

E153：淳熙元寶折二空背（戴大慶）
特徵：中穿，粗大字，正元
等級：9

E154：淳熙元寶折二空背（張）
特徵：中穿，小樣短字，5.84g，26.2mm
等級：9

E155：淳熙元寶折二空背（戴大慶）
特徵：中穿，1目熙，寶足右靠
等級：9

E156：淳熙元寶折二空背（戴大慶）
特徵：中廣穿，細緣，短貝寶
等級：9

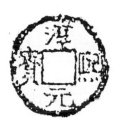 

E157：淳熙元寶折二空背（戴大慶）
特徵：中廣穿，正元，寶左足長
等級：9

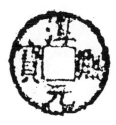 

E158：淳熙元寶折二空背（戴大慶）
特徵：中廣穿，寬貝寶
等級：9

E159：淳熙元寶折二空背（戴大慶）
特徵：中廣穿，左挑元
等級：9

E160：淳熙元寶折二空背（戴大慶）
特徵：素背，狹穿
等級：7

E161：淳熙元寶折二空背（戴大慶）
特徵：素背，中穿，寬寶蓋
等級：7

E162：淳熙元寶折二空背（戴大慶）
特徵：素背，中穿，降元，窄貝寶
等級：7

E163：淳熙元寶折二空背（戴大慶）
特徵：中緣，正字，分足元
等級：8

E164：淳熙元寶折二空背（戴大慶）
特徵：中緣，合足元，降小寶
等級：8

E165：淳熙元寶折二空背（張）
特徵：背巨緣，降元，小寶，5.22g，27.0mm
等級：7

E166：淳熙元寶折二空背（張）
特徵：廣穿，闊緣，小字，元左足短，
　　　6.53g，28.2mm
等級：8

E167：淳熙元寶折二空背（張）
特徵：廣穿，窄寶，升元，4.59g，26.3mm
等級：9

E168：淳熙元寶折二空背（張）
特徵：廣穿，長尾元，短淳，5.86g，
　　　26.0mm
等級：9

E169：淳熙元寶折二空背（張）
特徵：中穿，中緣，左斜熙
等級：8

E170：淳熙元寶折二空背（張）
特徵：廣穿，長尾元，離足熙，6.05g，
　　　27.0mm
等級：8

E171：淳熙元寶折二空背（戴大慶）
特徵：廣穿，合足元，長寶
等級：9

E172：淳熙元寶折二空背（戴大慶）
特徵：廣穿，細周，斜熙
等級：8

E173：淳熙元寶折二空背（戴大慶）
特徵：廣穿，特長尾元，短淳，窄貝寶
等級：8

E174：淳熙元寶折二空背（戴大慶）
特徵：廣穿，異元，背寬緣
等級：6

E175：淳熙元寶折二隸書空背（張）
特徵：廣穿，右元，背寬緣，6.83g，28.0mm
等級：8

E176：淳熙元寶折二隸書空背（張）
特徵：面背寬緣，小字，小寶，降元，
　　　6.67g，27.0mm
等級：8

E177：淳熙元寶折二隸書空背（張）
特徵：寬緣，小字，小右挑元，5.13g，
　　　27.2mm
等級：8

E178：淳熙元寶折二隸篆合書空背（張）
特徵：小樣，窄貝寶，5.70g，26.0mm
等級：8

E179：淳熙元寶折二隸篆合書空背（張）
特徵：小樣，異水淳，5.12g，26.0mm
等級：8

E180：淳熙元寶折二隸篆合書空背
　　　（鐵錢精品）
特徵：狹穿，寶熙離緣，背寬緣
等級：8

E181：淳熙元寶折二隸篆行三合書空背
　　　（鐵錢精品）
特徵：稀見
等級：3

E182：淳熙元寶折二篆書空背（張）
特徵：廣穿，大字，寬元，5.43g，26.3mm
等級：8

E183：淳熙元寶折二篆書空背（張）
特徵：廣穿，大字，大長寶，5.96g，26.2mm
等級：8

E184：淳熙元寶折二篆書空背（張）
特徵：綢字，短寶，窄元，6.81g，27.0mm
等級：8

E185：淳熙元寶折二篆書空背（張）
特徵：中緣，大樣，長垂直足寶
等級：7

E186：淳熙元寶折二篆書空背（兩宋鐵錢）
特徵：中緣，小穿，隔輪，小字
等級：8

E187：淳熙元寶折二篆書空背（戴大慶）
特徵：中緣，小穿，隔輪，小字
等級：8

E188：淳熙元寶折二篆書空背（馬馳）
特徵：正字，長水淳，背寬郭
等級：7

E189：淳熙元寶折二篆書空背（戴大慶）
特徵：背細狹穿
等級：7

E190：淳熙元寶折二篆書空背（陸漢光）
特徵：背寬郭
等級：7

E191：淳熙元寶折二篆書空背（馬馳）
特徵：面背中緣
等級：7

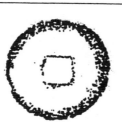

E192：雙熙寶折二篆書空背（兩宋鐵錢）
特徵：活字版試鑄錢
等級：3

E193：淳熙通寶旋讀折二真書空背（張）
特徵：二點通，5.04g，26.5mm
等級：7

E194：淳熙通寶旋讀折二真書空背（張）
特徵：窄甬通，6.53g，26.0mm
等級：7

E195：淳熙通寶旋讀折二真書空背
　　　（陸漢光）
特徵：素背
等級：7

E196：淳熙通寶直讀折二真書空背
　　　（陸漢光）
特徵：對讀
等級：6

E197：淳熙元寶折二真書背下星（張）
特徵：稀少，5.55g，26.2mm
等級：2

E198：淳熙元寶折二真書背上仰月（張）
特徵：稀珍，5.67g，28.1mm
等級：3

E199：淳熙元寶折二篆書背上俯月（張）
特徵：稀珍，7.44g，28.0mm
等級：3

E200：淳熙元寶折二篆書背下俯月
　　　（高郵鐵錢）
特徵：稀珍
等級：3

E201：淳熙元寶折二真書背上仰月下星
　　　（張）
特徵：合足元，稀少，5.81g，29.0mm
等級：6

E202：淳熙元寶寶折二真書背上仰月下星
　　　（戴大慶）
特徵：分足元，稀少
等級：5

E203：淳熙元寶折二篆書背上仰月下星
　　　（張）
特徵：熙字上下書法，稀珍5.74g，28.0mm
等級：2

E204：淳熙元寶折二篆書背上仰月下星
　　　（張）
特徵：熙字左右書法，稀珍7.27g，28.0mm
等級：2

E205：淳熙元寶折二篆書背上俯月下星
　　　（高郵鐵錢）
特徵：稀珍
等級：2

E206：淳熙元寶折二篆書背上星下俯月
　　　（張）
特徵：稀珍，5.15g，27.0mm
等級：2

E207：淳熙元寶折二真書背左星右外向月
　　　（張）
特徵：月稍直，稀珍，5.52g，27.0mm
等級：3

E208：淳熙元寶折二真書背左星右外向月
　　　張）
特徵：彎月，稀珍，6.08g，27.1mm
等級：3

E209：淳熙元寶折二真書背左內向月右星
（張）
特徵：稀珍，7.50g，27.5mm
等級：3

E210：淳熙元寶折二真書背左外向月右星
（張）
特徵：稀珍，5.53g，27.3mm
等級：3

E211：淳熙元寶折二真書背左下雙內向月右
雙星（張）
特徵：錯版複蓋錢，稀珍，7.96g，27.1mm
等級：

E212：淳熙元寶折二篆書背左二（張）
特徵：稀珍6.17g，27.0mm
等級：3

E213：淳熙元寶當三真書背上三左七右四
（張）
特徵：誤植川錢，稀珍，8.01g，31.3mm
等級：

E214：淳熙元寶折二真書背上柒（張）
特徵：銅錢版，稀珍，6.52g，27.0mm
等級：3

E215：淳熙元寶折二真書背下柒（張）
特徵：稀珍，5.51g，27.0mm
等級：3

E216：淳熙元寶折二篆書背下柒（張）
特徵：疑為春柴磨除上春字，參考品，
　　　5.28g，25.5mm
等級：

E217：淳熙元寶折二真書背上捌（張）
特徵：銅錢版，稀珍，4.50g，29.0mm
等級：3

E218：淳熙元寶折二真書背上九（張）
特徵：小寶，稀少，7.25g，28.0mm
等級：3

E219：淳熙元寶折二真書背上九（戴大慶）
特徵：大寶，稀少
等級：3

E220：淳熙元寶折二真書背上九（戴大慶）
特徵：異元，稀少
等級：3

E221：淳熙元寶折二真書背下九
　　　（高郵鐵錢）
特徵：稀少
等級：3

E222：淳熙元寶折二真書背上十（戴大慶）
特徵：面背寬緣，小字，稀珍
等級：3

E223：淳熙元寶折二真書背上十（張）
特徵：面細緣，背寬緣，右傾十，稀珍，
　　　3.56g，26.1mm
等級：3

E224：淳熙元寶折二真書背上十（戴大慶）
特徵：接郭，面中緣背闊緣，稀少
等級：3

E225：淳熙元寶折二篆書背上拾（馬馳）
特徵：稀珍
等級：2

E226：淳熙元寶折二真書背上十下一
　　　（戴大慶）
特徵：窄貝寶，稀少
等級：3

E227：淳熙元寶折二真書背上十下一（張）
特徵：大樣，隔輪，背長一，稀少，5.08g，
　　　28.0mm
等級：3

E228：淳熙元寶折二真書背上十下一
　　　（戴大慶）
特徵：短寶，昂元，背寬緣，稀少
等級：3

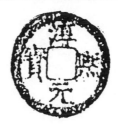

E229：淳熙元寶折二真書背上十下二 （戴大慶） 特徵：背廣郭，面背闊緣，稀少 等級：3	E230：淳熙元寶折二真書背上十下二 （戴大慶） 特徵：細字，長寶，稀少 等級：3

E231：淳熙元寶折二真書背上十下二（張） 特徵：短寶，背寬緣，縮十，稀少，4.05g， 　　　26.5mm 等級：3	E232：淳熙元寶折二真書背上十下二 （張） 特徵：長寶，小元，稀少，4.91，28.0mm 等級：3

E233：淳熙元寶折二真書背上十下二 （馬馳） 特徵：面背細緣，稀少 等級：3	E234：淳熙元寶折二真書背上十下三 （張） 特徵：銅錢版，稀少，5.41g，28.9mm 等級：3

E235：淳熙元寶折二真書背上春（張）
特徵：降寶，左斜熙，8.35g，27.2mm
等級：9

E236：淳熙元寶折二真書背上春（戴大慶）
特徵：大樣，細字，廣穿
等級：9

E237：淳熙元寶折二真書背上春（張）
特徵：昂元，狹穿，短寶，7.15g，27.1mm
等級：9

E238：淳熙元寶折二真書背上春（張）
特徵：昂元，元首筆左傾
等級：9

E239：淳熙元寶折二真書背上春（張）
特徵：長寶，合足寶，7.27g，27.1mm
等級：9

E240：淳熙元寶折二真書背上春（張）
特徵：長寶，分足寶，7.06g，27.1mm
等級：9

E241：淳熙元寶折二真書背上春（張）
特徵：熙足首二足朝左，背小春，6.52g，
　　　27.2mm
等級：9

E242：淳熙元寶折二篆書背上春下俯月
　　　（張）
特徵：珍稀，6.15g.28.0mm
等級：3

E243：淳熙元寶折二真書背上春下俯月孕星
　　　（張）
特徵：小寶，熙離郭，7.08g，28.0mm
等級：6

E244：淳熙元寶折二真書背上春下俯月孕星
　　　（張）
特徵：長寶，7.97g，28.1mm
等級：6

E245：淳熙元寶折二真書背上春下俯月孕星
　　　（張）
特徵：背俯月長，7.02g.28.0mm
等級：4

E246：淳熙元寶折二真書背上春下俯月孕星
　　　（戴大慶）
特徵：背俯月接緣
等級：4

E247：淳熙元寶折二篆書背上春下俯月孕星
　　　（張）
特徵：珍稀，4.50g，28.0mm
等級：2

E248：淳熙通寶折二真書背上春下俯月孕星
　　　（張）
特徵：背俯月接緣，稀珍，4.97g，27.2mm
等級：1

| E249：淳熙元寶折二真書背上春下柒（張）
特徵：首見，極稀珍，4.22g，27.1mm
等級：1 | E250：淳熙元寶折二隸書背上春下柒（中國錢幣2003/1）
特徵：首見，極稀珍
等級：1 |

| E251：淳熙元寶折二草篆書背上春下柒（張）
特徵：首見，稀珍，9.57g，28.1mm
等級：2 | E252：淳熙元寶折二篆書背上春下柒（張）
特徵：寶方冠右上提，7.26g，28.0mm
等級：8 |

| E253：淳熙元寶折二篆書背上春下柒（張）
特徵：寬緣，寶圓冠，7.37g，28.0mm
等級：8 | E254：淳熙元寶折二篆書背上春下柒（張）
特徵：寶方冠左上提，5.49g，28.0mm
等級：8 |

E255：淳熙元寶折二篆書背上春下柒
　　　（張）
特徵：中緣，6.12g，25.2mm
等級：8

E256：淳熙元寶折二篆書背上春下柒
　　　（張）
特徵：細緣，小樣，5.86g，27.0mm
等級：8

E257：淳熙元寶折二篆書背上春下七
　　　（中國錢幣1994/4）
特徵：可能是試鑄或呈樣錢，稀珍
等級：1

E258：淳熙元寶折二篆書背上春下七
　　　（張）
特徵：稀珍，4.58g，25.0mm
等級：1

E259：淳熙通寶折二篆書背上春下七
　　　（房士軍）
特徵：僅見，極稀珍
等級：1

E260：淳熙元寶折二隸書背上春下捌　　　　　E261：淳熙元寶折二隸書背上春下捌
　　　（兩宋鐵錢）　　　　　　　　　　　　　　　　　（陸漢光）
特徵：大樣，方貝寶　　　　　　　　　　　　　特徵：大樣，右傾元
等級：8　　　　　　　　　　　　　　　　　　　等級：8

E262：淳熙元寶折二隸書背上春下捌　　　　　E263：淳熙元寶折二隸書背上春下捌
　　　（張）　　　　　　　　　　　　　　　　　　（張）
特徵：中緣，合足元，6.11g，28.0mm　　　　特徵：小字，右桃元
等級：8　　　　　　　　　　　　　　　　　　　等級：8

E264：淳熙元寶折二隸書背上春下捌　　　　　E265：淳熙元寶折二隸書背上春下捌
　　　（張）　　　　　　　　　　　　　　　　　　（張）
特徵：小字，元右足圓折，6.23g，28.0mm　　特徵：長寶，異元，少見，5.87g，27.2mm
等級：8　　　　　　　　　　　　　　　　　　　等級：6

E266：淳熙元寶折二隸書背上春下捌（張）
特徵：面背寬緣，中穿，小寶，6.68g，
　　　28.0mm
等級：8

E267：淳熙元寶折二隸書背上春下捌（張）
特徵：小字，右挑元，6.00g，28.0mm
等級：8

E268：淳熙元寶折二篆書背上春下捌（張）
特徵：珍稀品，6.02g，28.0mm
等級：1

E269：淳熙元寶折二真書背上春下玖（張）
特徵：元右足上勾，7.04g，28.0mm
等級：8

E270：淳熙元寶折二真書背上春下玖（張）
特徵：長足寶，6.64g，28.0mm
等級：8

E271：淳熙元寶折二真書背上春下玖（張）
特徵：元左足短，6.21g，28.0mm
等級：8

E272：淳熙元寶折二隸篆書背上春下玖
（馬馳）
特徵：大字，長水淳，6.32g，27.1mm
等級：8

E273：淳熙元寶折二隸篆書背上春下玖
（張）
特徵：大字，短水淳，6.53g，29.0mm
等級：8

E274：淳熙元寶折二隸篆書背上春下玖
（張）
特徵：扁元，寶蓋右斜，6.52g，28.0mm
等級：8

E275：淳熙元寶折二隸篆書背上春下玖
（張）
特徵：面背中緣，窄貝寶，7.11g，28.0mm
等級：8

E276：淳熙元寶折二隸篆書背上春下玖
（張）
特徵：小樣，長寶，窄貝寶，4.33g，
　　　26.0mm
等級：8

E277：淳熙元寶折二真行篆三書体背上春
　　　下玖（張）
特徵：極珍稀，9.92g，28.2mm
等級：1

E278：淳熙元寶折二真書背上春下拾
　　　（戴大慶）
特徵：最小樣似小平.
等級：8

E279：淳熙元寶折二真書背上春下拾
　　　（戴大慶）
特徵：小樣，異淳水.
等級：8

E280：淳熙元寶折二真書背上春下拾（張）
特徵：正樣，中緣，背中郭，5.49g，
　　　27.8mm
等級：8

E281：淳熙元寶折二真書背上春下拾（張）
特徵：正樣，元右足上勾，5.00g，26.2mm
等級：8

E282：淳熙元寶折二真書背上春下拾（張）
特徵：正字，聯點熙，5.96g，27.0mm
等級：8

E283：淳熙元寶折二真書背上春下拾（張）
特徵：窄寶，元右足角折
等級：8

E284：淳熙元寶折二真書背上春下拾
　　　（戴大慶）
　特徵：大樣，寬緣
　等級：8

E285：淳熙元寶折二草篆書背上春下拾
　　　（張）
　特徵：背穿下似拾待確認，稀少品，
　　　　5.85g，27.1mm
　等級：3

E286：淳熙元寶折二篆書背上春下拾（張）
　特徵：大樣，6.60g，28.4mm
　等級：8

E287：淳熙元寶折二篆書背上春下拾（張）
　特徵：小樣，6.35g，26.9mm
　等級：8

E288：淳熙元寶折二真書背上春下十一
　　　（張）
　特徵：僅見稀珍品，可能係初期所鑄，
　　　　後改為通寶，5.84g，27.5mm
　等級：1

E289：淳熙通寶直讀折二真書背上春下
　　　十一（張）
特徵：異頭通，5.12g，27.0mm
等級：8

E290：淳熙通寶直讀折二真書背上春下十一
　　　（張）
特徵：三角頭通，大己熙，6.36g，27.2mm
等級：8

E291：淳熙通寶直讀折二真書背上春下
　　　十一（張）
特徵：大春
等級：8

E292：淳熙通寶直讀折二真書背上春下
　　　十一（鐵錢精品）
特徵：長通
等級：8

E293：淳熙通寶直讀折二真書背上春下
　　　十一（張）
特徵：降熙，7.56g，27.1mm
等級：8

E294：淳熙通寶直讀折二真書背上春下
　　　十一（張）
特徵：面背寬緣
等級：8

E295：淳熙通寶直讀折二真書背上春下
　　　十一（張）
特徵：異甬通，6.45g，28.2mm
等級：6

E296：淳熙通寶旋讀折二真書背上春下
　　　十一（張）
特徵：熙四點直排，8.99g，28.2mm
等級：8

E297：淳熙通寶旋讀折二真書背上春下
　　　十一（戴大慶）
特徵：昂淳，異水淳
等級：8

E298：淳熙通寶旋讀折二真書背上春下
　　　十一（戴大慶）
特徵：離足寶
等級：8

E299：淳熙通寶旋讀折二真書背上春下
　　　十一（戴大慶）
特徵：淳水兩點連.
等級：8

E300：淳熙通寶直讀折三真書背上春下
　　　　十一（高郵鐵錢）
特徵：僅見，極稀珍
等級：1

E301：淳熙通寶旋讀折二真書背上春下
　　　　十二（張）
特徵：寶蓋左斜7.28g，27.3mm
等級：8

E302：淳熙通寶旋讀折二真書背上春下
　　　　十二（張）
特徵：長窄寶，6.61g，27.5mm
等級：8

E303：淳熙通寶旋讀折二真書背上春下
　　　　十二（戴大慶）
特徵：小型，大寶蓋
等級：8

E304：淳熙通寶旋讀折二真書背上春下
　　　　十二（戴大慶）
特徵：大型，正字，6.85g，27.9mm
等級：8

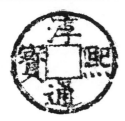

E305：淳熙通寶旋讀折二真書背上春下十二
　　　（張）
特徵：春十二雙印誤版錢，6.19g，28.0mm
等級：

E306：淳熙通寶對讀折二真書背上春下
　　　十二（陶曉飛）
特徵：僅見，稀珍品
等級：1

E307：淳熙通寶旋讀折二真書背上春下
　　　十二下（張）
特徵：離熙，6.25g，27.0mm
等級：8

E308：淳熙通寶旋讀折二真書背上春下
　　　十二下（張）
特徵：巨頭寶，6.57g，27.0mm
等級：8

E309：淳熙通寶旋讀折二真書背上春左一下
　　　十二下（戴大慶）
特徵：少見奇品
等級：4

E310：淳熙通寶旋讀折二真書背上春下
　　　十三（張）
特徵：寶蓋右傾，6.74g，27.0mm
等級：8

E311：淳熙通寶旋讀折二真書背上春下
　　　十三（張）
特徵：人足寶，7.30g，27.2mm
等級：8

E312：淳熙通寶旋讀折二真書背上春下
　　　十三（張）
特徵：熙足四長點，6.89g，28.0mm
等級：8

E313：淳熙通寶折二真書背上春下十四
　　　（張）
特徵：長目熙，8.27g，27.2mm
等級：8

E314：淳熙通寶折二真書背上春下十四
　　　（張）
特徵：小樣，通甬左傾，6.52g，26.1mm
等級：8.

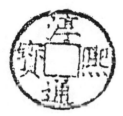   

E315：淳熙通寶折二真書背上春下十四
　　　（戴大慶）
特徵：細字，大臣熙
等級：8

E316：淳熙通寶折二真書背上春下十四
　　　（張）
特徵：雙印春十四，誤版，6.95g，27.5mm
等級：

  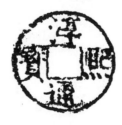 

E317：淳熙通寶折二真書背上春下十五
　　　（張）
特徵：大寶，離足熙，8.24g，27.0mm
等級：8

E318：淳熙通寶折二真書背上春下十五
　　　（張）
特徵：大寶，長足熙，6.51g，27.0mm
等級：8

E319：淳熙通寶折二真書背上春下十五
　　　（張）
特徵：小樣，小寶，6.20g，27.0mm
等級：8

E320：淳熙通寶折二真書背上春下十五
　　　（張）
特徵：小寶，降熙巳，6.22g，27.1mm
等級：8

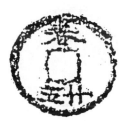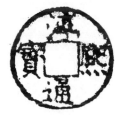

E321：淳熙通寶折二真書背上春下廿五
　　　（張）
特徵：疑為鑄匠戲作品，5.71g，27.0mm
等級：

E322：淳熙通寶折二真書背上春下十六
　　　（張）
特徵：小寶，熙巳圓折，6.03g，27.0mm
等級：8

E323：淳熙通寶折二真書背上春下十六
　　　（張）
特徵：大寶，大熙巳，6.93g，27.0mm
等級：8

E324：淳熙通寶折二真書背上春下十六
　　　（張）
特徵：右斜寶，小熙巳，6.62g，26.8mm
等級：8

E325：淳熙元寶折二真書背上同（戴大慶）
特徵：寬貝大寶
等級：8

E326：淳熙元寶折二真書背上同（戴大慶）
特徵：廣穿，降元，熙臣右斜
等級：8

E327：淳熙元寶折二真書背上同（戴大慶）
特徵·窄穿，升元，寬寶
等級：8

E328：淳熙元寶折二真書背上同（張）
特徵：淳享午斜，窄元，7.71g，29.1mm
等級：8

E329：淳熙元寶折二真書背上同（張）
特徵：狹穿，異熙己，7.18g，27.8mm
等級：8

E330：淳熙元寶折二真書背上同（張）
特徵：小樣，熙己上提.
等級：8

E331：淳熙元寶折二真書背上同（戴大慶）
特徵：小樣，熙己上提，熙四點足斜上.
等級：8

E332：淳熙元寶折二真書背上同（張）
特徵：小樣，斜寶蓋，左挑元
等級：8

E333：淳熙元寶折二真書背上同（張）
特徵：小樣，小字，狹元，6.17g，
　　　26.1mm，
等級：8

 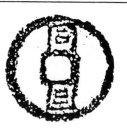

E334：淳熙元寶折二真書背上同下倒同
　　　（戴大慶）
特徵：離足寶，長熙臣，大同
等級：

E335：淳熙元寶折二真書背上同下倒同
　　　（戴大慶）
特徵：熙四點斜上，4.81g，27.8mm
等級：

E336：淳熙元寶折二真書背上同下倒同
　　　　（陸漢光）
特徵：錯版錢
等級：

E337：淳熙元寶折二真書背下同（張）
特徵：長寶，寬元，6.23g，26.9mm
等級：7

E338：淳熙元寶折二真書背下同（張）
特徵：降熙，左同，中穿，背寬緣，4.79g，
　　　26.9mm
等級：7

E339：淳熙元寶折二真書背下同（張）
特徵：大寶，右同
等級：7

E340：淳熙元寶折二真書背下同（陸漢光）
特徵：小寶，縮元，左斜同
等級：7

E341：淳熙元寶折二真書背上同下俯月孕星
　　　（張）
特徵：稀珍，僅見，6.95g，27.9mm
等級：2

E342：淳熙元寶折二真書背同七（張）
特徵：稀珍，僅見，5.48g，27.8mm
等級：2

E343：淳熙元寶折二真書背上同下柒（張）
特徵：點足寶，元短左足，三點水淳，
　　　7.91mm，26.9mm
等級：8

E344：淳熙元寶折二真書背上同下柒（張）
特徵：長足寶，6.91g，25.9mm
等級：8

E345：淳熙元寶折二真書背上同下柒
　　　（戴大慶）
特徵：面背中緣隆元
等級：8

E346：淳熙元寶折二真書背上同下柒
　　　（戴大慶）
特徵：離寶，元足圓折
等級：8

E347：淳熙元寶折二真書背上同下捌（張）
特徵：方寬只，離足寶，7.72g，27.2mm
等級：8

E348：淳熙元寶折二真書背上同下捌（張）
特徵：大字，長寶，7.37g，26.2mm
等級：8

E349：淳熙元寶折二真書背上同下捌（張）
特徵：小樣，左挑元，右同，5.87g，
　　　26.2mm
等級：8

E350：淳熙元寶折二真書背上同下捌（張）
特徵：闊元，7.08g，27.9mm
等級：8

E351：淳熙元寶折二真書背上同下九（張）
特徵：左挑元，大同，8.10g，27.2mm
等級：8

E352：淳熙元寶折二真書背上同下九（張）
特徵：長寶，小同，7.60g，26.9mm
等級：8

E353：淳熙元寶折二真書背上同下九（張）
特徵：點元，大同，6.62g，27.0mm
等級：8

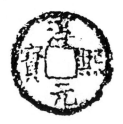

E354：淳熙元寶折二真書背上同下十（張）
特徵：行元，大十，5.84g，27.1mm
等級：8

E355：淳熙元寶折二真書背上同下十
　　　（戴大慶）
特徵：元右足角折
等級：8

E356：淳熙元寶折二真書背上同下十（張）
特徵：元左足短，熙臣斜，6.88g，27.9mm
等級：8

E357：淳熙元寶折二真書背上同下十
　　　（戴大慶）
特徵：十字多一橫線，稀少錯版
等級：

E358：淳熙元寶折二真書背上同下十（張）
特徵：十字右旁多一直線，稀少錯版，
　　　7.09g，27.5mm
等級：

E359：淳熙元寶折二真書背上同下十右月
　　　（戴大慶）
特徵：稀珍
等級：4

E360：淳熙元寶折二真書背上同下十一　　　　　E361：淳熙元寶折二真書背上同下十一
　　　（張）　　　　　　　　　　　　　　　　　　　　　（戴大慶）
特徵：點元，降元5.46g，27.9mm　　　　　　　特徵：點足寶
等級：8　　　　　　　　　　　　　　　　　　　　等級：8

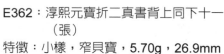

E362：淳熙元寶折二真書背上同下十一
　　　（張）
特徵：小樣，窄貝寶，5.70g，26.9mm
等級：8

E363：淳熙元寶折二真書背上同下十二　　　　　E364：淳熙元寶折二真書背上同下十二
　　　（張）　　　　　　　　　　　　　　　　　　　　　（張）
特徵：角折元，5.42g，27.9mm　　　　　　　　　特徵：小樣，5.17g，26.0mm
等級：8　　　　　　　　　　　　　　　　　　　　等級：8

E365：淳熙元寶折二真書背上同下十二
　　　（張）
特徵：大元，7.79g，27.5mm
等級：8

E366：淳熙元寶折二真書背上同下十二
　　　（戴大慶）
特徵：細緣，降元，寶貝離首，
等級：8

E367：淳熙元寶折二真書背上同下十二
　　　（中國鐵錢精品圖譜）
特徵：細緣，廣穿，窄寶
等級：8

E368：淳熙元寶折二真書背上同右同下
　　　十二（戴大慶）
特徵：奇異錯版錢，稀見
等級：

E369：淳熙元寶折二真書背上同下十三
　　　（張）
特徵：熙臣右傾，6.49g，28.0mm
等級：8

E370：淳熙元寶折二真書背上同下十三
　　　（張）
特徵：熙臣左傾，6.03g，27.5mm
等級：8

E371：淳熙元寶折二真書背上同下十三
　　　（戴大慶）
特徵：中緣，小元
等級：8

E372：淳熙元寶折二真書背上同下十三
　　　（張）
特徵：十三橫讀，可能是十五失筆，但未見
　　　同十五相同版，7.61g，27.2mm
等級：

E373：淳熙元寶折二真書背上同下十四
　　　（戴大慶）
特徵：細緣，細字，降元
等級：8

E374：淳熙元寶折二真書背上同下十四
　　　（張）
特徵：狹穿，昂熙，7.59g，27.3mm
等級：8

E375：淳熙元寶折二真書背上同下十四
　　　（張）
特徵：勾水淳，6.07g，27.1mm
等級：8

E376：淳熙元寶折二真書背上同下十四
　　　（張）
特徵：小樣，元左足短，5.47g，26.0mm
等級：8

E377：淳熙元寶折二真書背上同下十四
　　　（張）
特徵：元左足異，6.64g，28.0mm
等級：8

E378：淳熙元寶折二真書背上同下十四
　　　（戴大慶）
特徵：同十四覆印錯版
等級：

E379：淳熙元寶折二真書背上同下十五
　　　（戴大慶）
特徵：大寶
等級：8

E380：淳熙元寶折二真書背上同下十五
　　　（張）
特徵：異熙臣，4.79g，27.0mm
等級：5

E381：淳熙元寶折二真書背上同下十五
　　　（張）
特徵：離寶降熙，6.88g，27.8mm
等級：8

E382：淳熙元寶折二真書背上同下十五
　　　（張）
特徵：直讀十五，6.40g，27.5mm
等級：2

E383：淳熙通寶折二真書背上同下十五
　　　（張）
特徵：斜足熙，7.42g，27.4mm
等級：8

E384：淳熙元寶折二真書背上同下十五
　　　（張）
特徵：短寬貝寶，7.22g，27.5mm
等級：8

E385：淳熙通寶折二真書背上同下十五
　　　（張）
特徵：長足寶，5.34g，28.0mm
等級：8

E386：淳熙通寶折二真書背上同下十五
　　　（張）
特徵：異熙已，7.02g，27.3mm
等級：8

E387：淳熙通寶旋讀折二真書背右同左
　　　十六（張）
特徵：正字，6.27g，28.0mm
等級：8

E388：淳熙通寶旋讀折二真書背右同左
　　　十六（張）
特徵：小樣，長水淳，7.55g，27.5mm
等級：8

E389：淳熙通寶旋讀折二真書背右同左
　　　十六（張）
特徵：寶貝左斜，7.16g，28.0mm
等級：8

E390：淳熙通寶對讀折二真書背右同左
　　　十六（張）
特徵：通甬右傾，6.94g，28.0mm
等級：8

E391：淳熙通寶對讀折二真書背右同左
　　　十六（張）
特徵：長通甬，6.36g，28.0mm
等級：8

E392：淳熙通寶對讀折二真書背右同左
　　　十六（戴大慶）
特徵：細緣
等級：8

E393：淳熙通寶對讀折二真書背右同左
　　　十六（張）
特徵：方貝寶，7.22g，28.0mm
等級：8

E394：淳熙通寶對讀折二真書背右同左十七
　　　（張）
特徵：有可能是十六筆誤，6.97g，27.5mm
等級：

E395：淳熙元寶折二真書背上舒下同
　　　（馬馳）
特徵：大方貝寶，背中緣
等級：7

E396：淳熙元寶折二真書背上舒下同（張）
特徵：大方貝寶，元左離足，6.88g，28.0mm
等級：7

E397：淳熙元寶折二真書背上舒下同（張）
特徵：寶熙元三離郭
等級：7

E398：淳熙元寶折二真書背上舒下同
　　　（戴大慶）
特徵：長熙臣
等級：7

E399：淳熙元寶折二真書背上舒下同右月
　　　（張）
特徵：小型，長水淳
等級：7

E400：淳熙元寶折二真書背上舒下同右月
　　　（張）
特徵：窄貝寶，6.67g，28.1mm
等級：7

E401：淳熙元寶折二真書背上舒下同右月
　　　（戴大慶）
特徵：右仰方貝寶，背寬同
等級：7

E402：淳熙元寶折二真書背上舒下同右月
　　　（戴大慶）
特徵：斜熙臣，背下同
等級：7

E403：淳熙元寶折二真書背上舒下同右月
　　　（馬馳）
特徵：小樣水享分離
等級：7

E404：淳熙元寶折二真書背上松（張）
特徵：小足元，6.86g，29.2mm
等級：7

E405：淳熙元寶折二真書背上松（張）
特徵：長寶
等級：7

E406：淳熙元寶折二真書背上松（兩宋鐵錢）
特徵：寬貝寶，背廣郭
等級：8

E407：淳熙元寶折二真書背上松（兩宋鐵錢）
特徵：熙字己離臣，背大松
等級：8

E408：淳熙元寶折二真書背上松（戴大慶）
特徵：離臺，降元
等級：8

E409：淳熙元寶折二真書背下松（張）
特徵：大字，稀見品，6.32g，28.0mm
等級：4

E410：淳熙元寶折二真書背下松（張）
特徵：稀珍，闊緣，小字，6.65g，27.1mm
等級：4

E411：淳熙元寶折二真書背上松下柒
　　　（馬馳）
特徵：離足方貝寶
等級：8

E412：淳熙元寶折二真書背上松下柒
　　　（戴大慶）
特徵：長寶，背左柒
等級：8

E413：淳熙元寶折二真書背上松下柒
　　　（戴大慶）
特徵：方貝寶
等級：8

E414：淳熙元寶折二真書背上松下柒
　　　（戴大慶）
特徵：寶蓋右傾，降元
等級：8

E415：淳熙元寶折二真書背上松下捌
　　　（戴大慶）
特徵：元右足異
等級：8

E416：淳熙元寶折二真書背上松下捌（張）
特徵：小樣，元右下挑，6.05g，26.5mm
等級：8

E417：淳熙元寶折二真書背上松下捌
　　　（戴大慶）
特徵：方貝寶，昂松.
等級：8

E418：淳熙元寶折二真書背上松下捌
　　　（馬馳）
特徵：方貝寶，背廣郭
等級：8

E419：淳熙元寶折二真書背上松下九（張）
特徵：大元，6.94g，28.0mm
等級：8

E420：淳熙元寶折二真書背上松下九
　　　（馬馳）
特徵：小元
等級：8

E421：淳熙元寶折二真書背上松下十（張）
特徵：稍少見，6.99g，28.0mm
等級：6

E422：淳熙元寶折二真書背上松下十一
　　　（張）
特徵：稀見珍品，8.90g，29.0mm
等級：1

E423：淳熙元寶折二真書背上舒下松（張）
特徵：大元正熙，7.27g，27.2mm
等級：7

E424：淳熙元寶二真書背上舒下松（張）
特徵：元字末筆上提折，6.29g，27.5mm
等級：7

E425：淳熙元寶折二真書背上舒下松
　　　（戴大慶）
特徵：方貝寶
等級：7

E426：淳熙元寶折二真書背上舒下松
　　　（戴大慶）
特徵：方貝寶，離足寶，左元短
等級：7

E427：淳熙元寶折二真書背上舒下松右月
　　　（張）
特徵：元右足角折，6.60g，27.0mm
等級：7

E428：淳熙元寶折二真書背上舒下松右月
　　　（張）
特徵：降元
等級：7

E429：淳熙元寶折二真書背上舒下松右雙月
　　　（張）
特徵：手工加蓋錯版，6.54g，27.5mm
等級：

E430：淳熙元寶折二真書背上廣（馬馳）
特徵：大廣，熙已上提，背廣郭
等級：6

E431：淳熙元寶折二真書背上廣（張）
特徵：大廣，寶蓋右斜，7.20g，29.0mm
等級：6

E432：淳熙元寶折二真書背上廣（陸漠光）
特徵：大廣，正元
等級：6

E433：淳熙元寶折二真書背上廣（張）
特徵：中廣，小字，離足寶
等級：6

E434：淳熙元寶折二真書背上廣（張）
特徵：小廣，小字，右斜熙，6.17g，27.8mm
等級：6

E435：淳熙元寶折二真書背上廣（張）
特徵：小廣，小字，長足寶，角折元
等級：6

E436：淳熙元寶折二真書背上冶（張）
特徵：闊緣，大元，6.43g，28.0mm
等級：6

E437：淳熙元寶折二真書背上冶（戴大慶）
特徵：闊緣，元右足圓折
等級：6

E438：淳熙元寶折二真書背上冶（陸漢光）
特徵：細緣，大字，較少見
等級：5

E439：淳熙元寶折二真書背上冶左冶（張）
特徵：錯版，少見
等級：

E440：淳熙元寶折二真書背上裕（高郵鐵錢）
特徵：長定寶，背小裕
等級：6

E441：淳熙元寶折二真書背上裕（張）
特徵：正字，背中裕，5.00g，28.2mm
等級：6

E442：淳熙元寶折二真書背上裕（張）
特徵：背大裕
等級：6

E443：淳熙元寶折二真書背上裕（戴大慶）
特徵：背右小裕，廣郭
等級：6

E444：淳熙元寶折二真書背上裕（戴大慶）
特徵：元足上勾，背中裕
等級：6

E445：淳熙元寶折二真書背上裕下星
　　　（馬馳）
特徵：稀見品
等級：3

E446：淳熙元寶折二真書背上豐（戴大慶）
特徵：毛邊，大豐，細緣
等級：6

F447：淳熙元寶折二真書背上豐
　　　（高郵鐵錢）
特徵：大豐，連水淳，右斜熙
等級：6

E448：淳熙元寶折二真書背上豐
　　　（高郵鐵錢）
特徵：大豐，升寶
等級：6

E449：淳熙元寶折二真書背上豐
　　　（高郵鐵錢）
特徵：大豐，大足寶
等級：6

E450：淳熙元寶折二真書背上豐
　　　（高郵鐵錢）
特徵：大豐，元左足上提，5.03g，27.0mm
等級：6

E451：淳熙元寶折二真書背上豐
　　　（高郵鐵錢）
特徵：小豐面背中緣
等級：6

E452：淳熙元寶折二真書背上豐（張）
特徵：小豐面背闊緣升寶，6.86g，29.0mm
等級：7

E453：淳熙元寶折二真書背上豐（馬馳）
特徵：小豐，正字，離足元，面背闊緣，
等級：6

E454：淳熙元寶折二真書背上豐（張）
特徵：小豐，大型，寶離足，面背闊緣，
　　　6.40g，28.0mm
等級：6

E455：淳熙元寶折二真書背上豐（陸漢光）
特徵：小豐，大元，面背闊緣
等級：6

E456：淳熙元寶折二真書背下倒豐（張）
特徵：僅見稀珍品，4.14g，27.0mm
等級：2

E457：淳熙元寶折二篆書背下豐
　　　（兩宋鐵錢）
特徵：僅見稀珍品
等級：2

E458：淳熙元寶折二篆書背上豐下俯月
　　　（張）
特徵：長月，稀珍品，7.65g，28.3mm
等級：3

E459：淳熙元寶折二篆書背上豐下俯月
　　　（馬馳）
特徵：短月，稀珍品
等級：3

E460：淳熙元寶折二篆書背上豐下俯月
　　　（高郵鐵錢）
特徵：背左豐，右月.
等級：3

E461：淳熙元寶折二真書背上邛
　　　（兩宋鐵錢）
特徵：廣穿，細緣，長寶，角足元
等級：7

E462：淳熙元寶折二真書背上邛
　　　（兩宋鐵錢）
特徵：小寶，圓折元
等級：7

E463：淳熙元寶折二真書背上邛（張）
特徵：小穿，廣郭，短寶，9.87g，28.5mm
等級：7

E464：淳熙元寶折二真書背上邛（昭和泉譜）
特徵：窄字
等級：7

E465：淳熙元寶折二篆書背上邛
　　　（兩宋鐵錢）
特徵：廣穿，彎冠寶，長足寶
等級：6

E466：淳熙元寶折二篆書背上邛
　　　（錢幣大辭典南宋卷）
特徵：中穿，狹元，彎冠寶，長足寶，
等級：6

E467：淳熙元寶折二篆書背上邛（張）
特徵：中穿，狹寶，背中緣，9.92g，28.0mm
等級：6

E468：淳熙元寶折二篆書背上邛（張）
特徵：小字，狹元
等級：6

E469：淳熙元寶折二篆書背上邛（張）
特徵：細緣，厚重，小樣，8.36g，25.9mm
等級：6

E470：淳熙元寶折二真書背上利
　　　（兩宋鐵錢）
特徵：小利，小熙，連水淳
等級：7

E471：淳熙元寶折二真書背上利（張）
特徵：廣穿，分水淳，6.31g，26.8mm
等級：7

E472：淳熙元寶折二篆書背上利（張）
特徵：小樣，狹穿，圖貝寶，7.77g，
　　　28.1mm
等級：6

E473：淳熙元寶折二篆書背上利（張）
特徵：廣穿，方冠寶，8.53g，29.1mm
等級：5

E474：淳熙元寶折二篆書背上利（張）
特徵：廣穿，小寶，5.94g，27.9mm
等級：5

E475：淳熙元寶折二篆書背上利
　　　（兩宋鐵錢）
特徵：細緣，細字，寬貝寶
等級：5

E476：淳熙元寶折三篆書背上利
　　　（錢幣天地1981）
特徵：前張壽平教授舊藏，參考品
等級：

E477：淳熙元寶折二真書背上篆泉（張）
特徵：大泉，5.97g，26.9mm
等級：5

E478：淳熙元寶折二真書背上篆泉（戴大慶）
特徵：大泉，小寶
等級：5

E479：淳熙元寶折二真書背上篆泉（張）
特徵：小泉，小寶，昂熙，5.95g，27.1mm
等級：5

E480：淳熙元寶折二真書背上真書泉（張）
特徵：稀珍品，5.07g，27.1mm
等級：2

E481：淳熙元寶折二真書背上三
　　　（昭和泉譜）
特徵：小樣狹穿
等級：

E482：淳熙元寶折二真書背上三（張）
特徵：大樣大字廣穿，11.17g，31.7mm
等級：

E483：淳熙元寶折二真書背上三（張）
特徵：大樣，小字，左斜元，廣穿，
　　　7.68g，31.1mm
等級：8

E484：淳熙元寶折二真書背上三
　　　（兩宋鐵錢）
特徵：小樣，小熙，特廣穿，右斜元
等級：8

F.紹熙元寶，通寶（1190-1194）

　　南宋光宗名惇，孝宗之子，改元紹熙，在位僅五年。淳熙後期年間因江南多監廢罷，所以紹熙期間鐵錢供應量減少。兩淮就分別於紹熙元年於鄂州設置漢陽監、二年在光州設置定城鐵錢監，所以紹熙年間四川以外之淮域應仍有四鐵錢監（蘄春、同安、漢陽、定城），雖然僅五年品種卻甚多，書法多變鑄造精良。紹熙錢全有背文，其中空背者甚少見。有一對折二型真篆空背（F049、F050），這枚篆書空背錢（F050）出土於四川，錢文異於淮錢，應是川鑄。紹熙三年出了一系列面背皆為篆書之小平與折二（或折三）鐵錢，有背春、同、定等三種，書法極美且鑄造精良，應出自同一名書法家之手，其中以背定者較稀，尤其以背定篆書小平錢最少見（F043）。在眾多高郵出土中出現定城監所鑄背文為定二、定三與光二的紹熙錢，為數雖少卻有元寶通寶、直讀旋讀，真書篆書，變化多端。紹熙元寶小平背光二（F138-F142）、小平同二（F020）、折二同二（F087-F091）與折二漢三（F122）是橫讀，這是繼承淳熙通寶橫讀同十六後再度出現橫讀背文。最近出現一枚紹熙元寶折二背上同下星（F083），甚為稀見，紹熙元寶背元錢只見於折二之春元（F051-F057）及同元（F084-F086），未見有漢元錢，另外紹熙元寶背元錢也未出於任何小平錢。古泉大泉錄有一枚小平篆書背同元（F019），因國內未開出上紀錄所以其可靠性值得懷疑。值得一提的是有二枚高郵出土僅見之紹熙元寶篆書背上月下星，其一為穿上仰月（F144）另一為穿上俯月（F146），其錢風與淳熙背星月錢完全一致，有可能只拿淳熙錢改淳為紹所鑄，其重要性在於不論銅或鐵的這是此類背星月錢，自南宋初期出現後之最終結。丁譜也出現一枚僅見之紹熙元寶背上仰月下星折二鐵錢（F144），觀其錢風不似淮錢，或許是川鑄。四川所鑄紹熙鐵錢錢背不紀監也不紀地與年，穿上均以仰月孕星代來紀值（F146-F150），兩顆星者為折三。值得一提的是雖同為折三錢但其錢徑重量大小相差甚大，最大者（F146）32.5mm，12.99g而最小者（F150）僅29.3mm，7.75g，相差幾乎一倍之多。四川出了一系列背紀值折三及爐次錢，爐次由四六到五十（F152-F156），另出現一枚爐次為二七（F151），若非改刻就是戲作錢。多年前收集到一枚出現機率十分稀少的紹熙元寶折二背上春下元錯版錢，其面與背同時上下複印（F058），單面複印偶而會出現，雙面同時複印則是至今所僅見，對南宋鑄錢錯版原因提供明確証據，十分稀珍，這類錯版形成原因簡敘如下：

1.鑄匠在利用母錢製砂范過程中，先排好母錢於下層砂框中。

2.蓋上上層砂框之後上下翻轉再打開上層框，如此重覆多次就可作成多組上下層錢范。

3.如此重覆多次後因母錢連續使用多次後可能有黏砂就須挑出母錢後清洗再重新製范。

4.分別於多組上下框作出流道。

5.分別配對合框後就可準備灌融鐵鑄錢。

　　以上鑄錢過程中最容易出問題的就在第2步，在砂框翻轉後開框過程中理應所有母錢均留置於下層框。有三種情況偶爾發生，第一種情況是有時母錢在啟開上層框過程中有母錢掉落框外；第二種情況是母錢留黏於上層框，這時鑄匠就必須挑出掉落框外或附着於上層之母錢小心重新置回下框之原錢穴才得繼續之後鑄造程序，理應把母錢正確置回原錢穴，但問題就出於鑄匠置母錢於原錢穴會有差錯發生，若是置入呈180度反轉，等於在原已成錢形的砂范上再印一次但卻是倒反方向，這樣就形成上下覆印的錯版錢（如D226、D285、D315、E076、E334、E335、E336）。各種角度錯版均曾出現，呈90度（如D250、D251、E305）、270度（如D252、E439、H029）或不規則角度（如E086、E378、G040）之重印。這枚面背同時覆印之紹熙背春元錢是十分巧合情況下之產物，也就是在下回范框翻轉時同一位置同一枚母錢再掉一次，鑄匠挑出置回原錢穴再犯同樣錯誤，又成180度反轉。如此一來該位置之上下錢穴均成上下覆印，歷經巧合加再鑄匠犯同樣錯誤，在機率極小情況下才鑄造出這枚面背同時反轉覆印之奇特錢；第三種情況是掉落母錢找不到，錢匠只好在自己口袋中找出一枚先朝行用錢取代之，稱為誤植錢，乾道篆書折二背春拾（D206）就是個例子，原本是在鑄淳熙背春拾錢，母錢掉落找不着只得由口袋中取出一枚先朝篆書乾道空背錢放入原錢穴，這樣就鑄造出這枚不倫不類之乾道背春拾之奇錢。類似之誤植錢也曾出現於川鑄錢，例如真書淳熙元寶折三背上月孕二星右四左七（E213），這枚原本是鑄造紹熙元寶折三背上月孕二星右四左七（F153），母錢掉落找不到就以淳熙元寶折三背上月孕二星（似E483）取代之。所見覆印或誤植錢大多出現於錢背，發生於錢面者甚稀少，可知當時驗錢官較重視錢面，不允許錢面有任何差錯，若發現錢面有誤則一律回收重鑄，對錢背錯誤則較能容忍。

F001：紹熙元寶小型錢子真書空背
　　　（兩宋鐵錢）
特徵：少見，可能是四川私鑄錢
等級：3

F002：紹熙元寶小平真書空背上春下二
　　　（高郵鐵錢）
特徵：紹字糸召分離
等級：9

F003：紹熙元寶小平真書空背上春下二
　　　（張）
特徵：長點足熙，4.18g，23.0mm
等級：9

F004：紹熙元寶小平真書空背上春下二
　　　（張）
特徵：雙足元離二，左足短，4.65g，
23.5mm
等級：9

F005：紹熙元寶小平真書空背上春下二
　　　（高郵鐵錢）
特徵：離足寶，熙離郭
等級：9

F006：紹熙通寶對讀小平真書背上春下二
　　　（張）
特徵：長足寶，熙左足右斜，4.55g，24.2mm
等級：9

F007：紹熙通寶對讀小平真書背上春下二
　　　（張）
特徵：短足寶，熙左足左斜，4.49g，24.5mm
等級：9

F008：紹熙元寶小平真書背上春下三（張）
特徵：異臣熙，異背三，4.51g，24.5mm
等級：7

F009：紹熙元寶小平真書背上春下三
　　　（高郵鐵錢）
特徵：長刀熙
等級：7

F010：紹熙元寶小平真書背上春下三
　　　（高郵鐵錢）
特徵：狹熙，短目寶
等級：7

F011：紹熙通寶小平篆書背上篆春下三
　　　（張）
特徵：篆書，好品相者少見
等級：7

F012：紹熙元寶小平真書背上春下四
　　　（馬馳）
特徵：稍粗緣
等級：9

F013：紹熙元寶小平真書背上春下四
　　　（馬馳）
特徵：細緣，離寶
等級：9

F014：紹熙元寶小平真書背上春下五
　　　（張）
特徵：元左足離二，3.82g，24.0mm
等級：9

F015：紹熙元寶小平真書背上春下五（張）
特徵：元左足接二
等級：9

F016：紹熙元寶小平真書背上同（陸漢光）
特徵：分足元，寬貝寶，背正同，少見
等級：5

F017：紹熙元寶小平真書背上同（張）
特徵：大紹，背右傾同，少見，4.09g，
　　　24.0mm
等級：5

F018：紹熙元寶小平真書背上同
　　　（高郵鐵錢）
特徵：大熙，長寶，背左傾同，少見
等級：5

F019：紹熙通寶旋讀小平篆書背篆上同左元
　　　（古泉大全）
特徵：國內出土未見，參考品
等級：

F020：紹熙元寶小平真書背右同左二（張）
特徵：稍少見，3.76g，24.0mm
等級：7

F021：紹熙通寶小平真書背上同下二（張）
特徵：寶蓋左斜，大口紹，5.08g，24.0mm
等級：9

F022：紹熙通寶小平真書背上同下二（張）
特徵：寶蓋左斜，大口紹，4.71g，23.5mm
等級：9

F023：紹熙元寶小平真書背上同下三（張）
特徵：普品，4.47g，24.3mm
等級：8

F024：紹熙通寶旋讀小平真書背上同下三
　　　（張）
特徵：普品4.75g，24.8mm
等級：8

F025：紹熙通寶對讀小平真書背上同下三
　　　（陸漢光）
特徵：大樣，大字，方貝寶，少見
等級：6

F026：紹熙通寶小平真書背上同下三
　　　（戴大慶）
特徵：異貝寶，少見
等級：6

F027：紹熙通寶小平真書背上同下三
　　　（戴大慶）
特徵：寶目下肥寬，短寶，仰刀紹，少見
等級：6

F028：紹熙通寶小平真書背上同下三（張）
特徵：長寶，俯紹刀，少見，4.51g，
24.0mm
等級：6

F029：紹熙通寶小平真書背上同下三
　　　（高郵鐵錢）
特徵：長寶，大口紹，少見
等級：6

F030：紹熙通寶小平篆書背上同下三（張）
特徵：較少見，3.08g，24.0mm
等級：5

F031：紹熙元寶小平真書背上同下四（張）
特徵：熙四足斜，普品，4.34g，24.8mm
等級：8

F032：紹熙元寶小平真書背上同下四（馬）
特徵：熙四點足，普品
等級：8

F033：紹熙元寶小平真書背上同下五（張）
特徵：八足寶，普品4.46，24.8mm
等級：8

F034：紹熙元寶小平真書背上同下五（張）
特徵：點足寶，普品，4.24g，24.5mm
等級：8

F035：紹熙元寶小平真書背上同下五
　　　（陸漢光）
特徵：短寶，長足寶，稍粗緣，普品
等級：8

F036：紹熙元寶小平真書背上漢下三
　　　（高郵鐵錢）
特徵：稀見
等級：3

F037：紹熙元寶小平真書背上漢下四（張）
特徵：小字，少見，3.92g，24.0mm
等級：6

F038：紹熙元寶小平真書背上漢下四
　　　（高郵鐵錢）
特徵：大字，少見
等級：6

F039：紹熙元寶小平真書背上漢下五（張）
特徵：短寶，較少見，4.64g，24.0mm
等級：5

F040：紹熙元寶小平真書背上漢下五（張）
特徵：長寶，較少見
等級：5

F041：紹熙元寶小平真書背上定下二
　　　（大辭典南宋卷）
特徵：僅見
等級：2

F042：紹熙通寶小平真書背上定下二
　　　（中國錢幣1999/4）
特徵：僅見
等級：2

F043：紹熙通寶小平篆書背上篆定下三
　　　（張）
特徵：寶蓋角折肩，稀見，5.11g，24.0mm
等級：2

F044：紹熙通寶小平篆書背上篆定下三
　　　（呂紹奇）
特徵：寶蓋弧折肩，稀見
等級：2

F045：紹熙元寶小平真書背右光左二（張）
特徵：昂長寶，小紹刀，背左斜二，稀珍，
　　　3.86g，24.5mm
等級：2

F046：紹熙元寶小平真書背右光左二
　　　（陸漢光）
特徵：昂紹刀，稀珍
等級：2

F047：紹熙元寶小平真書背右光左二
　　　（陸漢光）
特徵：異臣熙，大刀紹，稀珍
等級：2

F048：紹熙元寶小平真書背右光左二
　　　（呂紹奇）
特徵：縮紹，熙足四點右上頃，稀珍
等級：2

F049：紹熙元寶折二真書空背（張）
特徵：淮域出土，少見，7.78g，27.0mm
等級：6

F050：紹熙元寶折二篆書書空背（張）
特徵：四川出土，甚少見9.93g，27.2mm
等級：2

F051：紹熙元寶折二真書背上春下元
　　　（兩宋鐵錢）
特徵：大樣，面背寬緣，正字，少見
等級：6

F052：紹熙元寶折二真書背上春下元
　　　（張）
特徵：大口紹，普品，5.69g，27.7mm
等級：9

F053：紹熙元寶折二真書背上春下元
　　　（張）
特徵：背小春，普品，6.88g，27.0mm
等級：9

F054：紹熙元寶折二真書背上春下元（張）
特徵：昂熙，元首筆右斜，大刀紹，普品，
　　　6.58g，26.5mm
等級：9

F055：紹熙元寶折二真書背上春下元（張）
特徵：小寶，大刀紹，背大春，普品，
6.47g，26.3mm
等級：9

F056：紹熙元寶折二真書背上春下元（高
郵鐵錢）
特徵：左斜寶，昂熙，普品
等級：9

F057：紹熙元寶折二真書背上春下元（高
郵鐵錢）
特徵：分足寶，普品
等級：9

F058：紹熙元寶折二真書背上春下元（張）
特徵：面與背同時上下複印，如此錯版機會
極罕，為至今所僅見，十分珍奇，6.43g，
27.1mm
等級：

F059：紹熙元寶折二真書背上春下二（張）
特徵：中緣，異臣熙，背升二，6.90g，
　　　27.5mm
等級：9

F060：紹熙元寶折二真書背上春下二（張）
特徵：中緣，縮紹，6.79g，27.0mm
等級：9

F061：紹熙元寶折二真書背上春下二
　　　（高郵鐵錢）
特徵：細緣，降熙，背降二
等級：9

F062：紹熙元寶折二真書背上春下二（張）
特徵：小型，介於小平折二之間，3.53g，
　　　25.9mm
等級：9

F063：紹熙通寶折二真書背上春下二（張）
特徵：窄穿，大字
等級：9

F064：紹熙通寶折二真書背上春下二（張）
特徵：細字，窄寶，7.54g，29.0mm
等級：9

F065：紹熙通寶折二真書背上春下二（張）
特徵：大字，長通寶
等級：9

F066：紹熙通寶折二真書背上春下二（張）
特徵：大字，降貝寶，通甬斜，6.06g，
　　　28.0mm
等級：9

F067：紹熙通寶折二真書背上春下二（張）
特徵：隔輪，升寶，降通，背小二，5.30g，
　　　二29.0mm
等級：9

F068：紹熙通寶折二真書背上春下二（張）
特徵：正熙，短通
等級：9

F069：紹熙元寶旋讀折二真書背上春下三
　　　（張）
特徵：小寶，小元，7.72g，28.0mm
等級：9

F070：紹熙元寶旋讀折二真書背上春下三
　　　（張）
特徵：窄字，長寶
等級：9

F071：紹熙元寶旋讀折二真書背上春下三
　　　（張）

特徵：寶離足，7.20g，28.0mm

等級：9

F072：紹熙通寶折二篆書背上篆春下三
　　　（張）

特徵：小樣，8.68g，29.5mm

等級：7

F073：紹熙通寶折二篆書背上篆春下三
　　　（人辭典南宋卷）

特徵：寬輪，大樣

等級：5

F074：紹熙元寶旋讀折二真書背上春下四
　　　（張）

特徵：1目熙7.19g，28.0mm

等級：9

F075：紹熙元寶旋讀折二真書背上春下四
　　　（張）

特徵：異臣熙，5.58g，28.0mm

等級：9

F076：紹熙元寶折二真書背上春下五
　　　（張）
特徵：大離足寶，正元，6.73g，27.0mm
等級：9

F077：紹熙元寶折二真書背上春下五（張）
特徵：角折元，熙臣右斜，7.22g，28.0mm
等級：9

F078：紹熙元寶折二真書背上春下五（張）
特徵：圓折元，大刀紹，6.49g，28.0mm
等級：9

F079：紹熙元寶折二真書背上春下五（張）
特徵：小離足寶，5.53g，28.0mm
等級：9

F080：紹熙元寶折二真書背上同（張）
特徵：小樣，小寶，7.10g，28.0mm
等級：9

F081：紹熙元寶折二真書背上同（張）
特徵：大樣，大字5.48g，28.0mm
等級：9

F082：紹熙元寶折二真書背上同（張）
特徵：中樣，背寬周郭，7.16g，28.9mm
等級：9

F083：紹熙元寶折二真書背上同下星（張）
特徵：首見品，5.33g，28.8mm
等級：4

F084：紹熙元寶折二真書背上同下元（張）
特徵：長足寶，背寬周郭，6.79g，28.0mm
等級：9

F085：紹熙元寶折二真書背上同下元（張）
特徵：寬元，異刀紹，6.43g，27.6mm
等級：9

F086：紹熙元寶折二真書背上同下元（張）
特徵：長寶，長紹，6.81g，27.0mm
等級：9

F087：紹熙元寶折二真書背右同左二（張）
特徵：異刀紹，6.46g，27.0mm
等級：9

F088：紹熙元寶折二真書背右同左二（張）
特徵：長刀，小口紹，6.99g，27.0mm
等級：9

F089：紹熙元寶折二真書背右同左二（張）
特徵：昂元，細緣
等級：9

F090：紹熙元寶折二真書背右同左二
　　　（高郵鐵錢）
特徵：窄寶，合足元
等級：9

F091：紹熙元寶折二真書背右同左二
　　　（馬馳）
特徵：離足寶，降元
等級：9

F092：紹熙元寶折二真書背上同右同左二
　　　（中國錢幣2000）
特徵：誤植上同之錯版
等級：

F093：紹熙元寶折二真書背右下同上左二
　　　（高郵鐵錢）
特徵：鑄匠錯置版
等級：

F094：紹熙通寶折二真書對讀背上同下二
　　　（張）
特徵：長刀紹，7.19g，29.0mm
等級：9

F095：紹熙通寶折二真書對讀背上同下二
　　　（張）
特徵：寬口紹，7.54g，29.0mm
等級：9

F096：紹熙通寶折二真書對讀背上同下二
　　　（張）
特徵：寬貝寶，大口紹，6.21g，29.0mm
等級：9

F097：紹熙元寶折二真書背上同下三（張）
特徵：窄熙，長寶，6.77g，28.6mm
等級：9

F098：紹熙元寶折二真書背上同下三（張）
特徵：熙己左傾，6.08g，28.0mm
等級：9

F099：紹熙元寶折二真書背上同下三（張）
特徵：小寶，小紹刀
等級：9

F0100：紹熙元寶折二真書背上同下三
　　　　（兩宋鐷錢）
特徵：中緣，中郭
等級：9

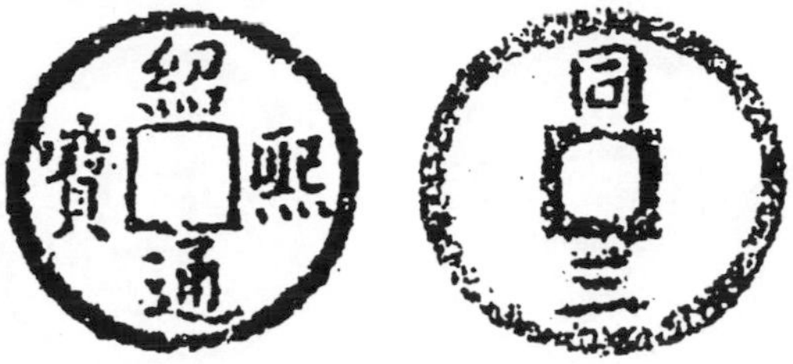

F101：紹熙通寶折二真書背上同下三
（兩宋鐵錢）
特徵：正走通
等級：9

F102：紹熙通寶折二真書背上同下三
（張）
特徵：大點斜走通，8.29g，29.0mm
等級：9

F103：紹熙通寶折二真書背上同下三
（張）
特徵：小點斜走通，5.90g，29.8mm
等級：9

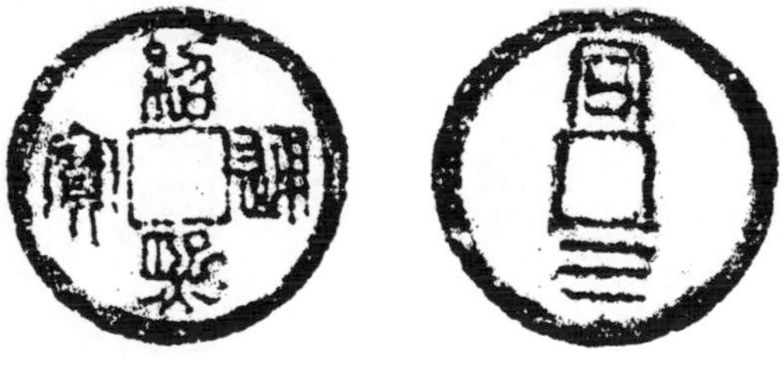

F104：紹熙通寶折二篆書背上篆同下三
（張）
特徵：寶長足，6.57g，28.0mm
等級：6

F105：紹熙通寶折二篆書背上篆同下三
（馬馳）
特徵：稍寬緣
等級：6

F106：紹熙元寶折二真書背上同下四（張）
特徵：長寶，6.99g，29.0mm
等級：9

F107：紹熙元寶折二真書背上同下四（張）
特徵：闊緣，7.75g，28.3mm
等級：9

F108：紹熙元寶折二真書背上同下五（張）
特徵：小貝寶，合足元，長刀紹，6.35g，
　　　28.3mm
等級：9

F109：紹熙元寶折二真書背上同下五（張）
特徵：離寶，小紹刀，7.19g，29.0mm
等級：9

F110：紹熙元寶折二真書背上同下五
　　　（高郵鐵錢）
特徵：左斜元
等級：9

F111：紹熙元寶折二真書背上同下五（張）
特徵：元字左足離二，7.19g，29.0mm
等級：9

F112：紹熙元寶折二真書背上漢下二
　　　（戴大慶）
特徵：大紹，長熙
等級：8

F113：紹熙元寶折二真書背上漢下二
　　　（兩宋鐵錢）
特徵：短紹，短熙
等級：8

F114：紹熙元寶折二真書背上漢下二
　　　（戴大慶）
特徵：小樣，寬緣
等級：8

F115：紹熙元寶折二真書背上漢下二
　　　（兩宋鐵錢）
特徵：大樣，昂寶
等級：6

F116：紹熙元寶折二真書背上漢下二（張）
特徵：窄寶，寬紹，8.18g，29.0mm
等級：8

F117：紹熙元寶折二真書背上漢下二（張）
特徵：異臣熙，左足元短8.40g，29.3mm
等級：8

F118：紹熙元寶折二真書背上漢下二（張）
特徵：小樣，降寶，分足元，7.84g，
　　　27.0mm
等級：8

F119：紹熙元寶折二真書背上漢下三
　　　（錢幣辭典南宋卷）
特徵：1目熙，左斜元，長召紹
等級：8

F120：紹熙元寶折二真書背上漢下三（張）
特徵：正樣，6.48g，28.0mm
等級：8

F121：紹熙元寶折二真書背上漢下三（張）
特徵：長寶，異元，7.43g，28.0mm
等級：8

F122：紹熙通寶對讀折二真書背右漢左三
　　　（張）
特徵：稍少見，8.53g，30.0mm
等級：6

F123：紹熙元寶折二真書背上漢下四（張）
特徵：合足寶，圓寶冠，7.19g，29.0mm
等級：8

F124：紹熙元寶折二真書背上漢下四（張）
特徵：分足寶，左挑元，8.41g，28.0mm
等級：8

F125：紹熙元寶折二真書背上右漢下左四
　　　（張）
特徵：鑄匠誤置版，6.05g，28.0mm
等級：5

F126：紹熙元寶折二真書背上漢下五（張）
特徵：長足元，5.76g，27.5mm
等級：8

F127：紹熙元寶折二真書背上漢下五（張）
特徵：短足元，7.51g，28.0mm
等級：8

F128：紹熙元寶折二真書背上漢下五（張）
特徵：小元，6.67g，27.0mm
等級：8

F129：紹熙元寶折二真書背上定下二
　　　（兩宋鐵錢）
特徵：元右足角折上勾，少見
等級：5

F130：紹熙元寶折二真書背上定下二
　　　（陸漢光）
特徵：大刀紹，少見
等級：5

F131：紹熙元寶折二真書背上定下二（張）
特徵：大足寶，刀口分離紹，少見，6.33g，
　　　27.0mm
等級：5

F132：紹熙通寶折二真書背上定下二
　　　（高郵鐵錢）
特徵：左斜熙，右斜紹
等級：5

F133：紹熙通寶折二真書背上定下二
　　　（陸漢光）
特徵：長通
等級：

F134：紹熙通寶折二真書背上定下二（張）
特徵：寬甬通，紹刀上勾
等級：5

F135：紹熙通寶折二真書背上定下二（張）
特徵：長寶，長甬通，7.27g，29.0mm
等級：5

F136：紹熙通寶折二篆書背上定下三（張）
特徵：寶蓋斜肩少見，7.80g，29.0mm
等級：5

F137：紹熙通寶折二篆書背上定下三
　　　（呂紹寄）
特徵：寶蓋平肩，少見
等級：5

F138：紹熙元寶折二真書背右光左二
　　　（兩宋鐵錢）
特徵：元字首筆長，珍稀
等級：3

F139：紹熙元寶折二真書背右光左二
　　　（陸漢光）
特徵：長刀紹，珍稀
等級：3

F140：紹熙元寶折二真書背右光左二
　　　（陸漢光）
特徵：窄紹
等級：5

F141：紹熙元寶折二真書背右光左二
　　　（陸漢光）
特徵：大字
等級：5

F142：紹熙元寶折二真書背右光左二
　　　（馬馳）
特徵：左離足元
等級：5

F143：紹熙元寶折二篆書背上仰月下星
　　　（張，陸漢光）
特徵：錢風与淳熙一致，是淳熙背星月錢之
延續。惜實物郵寄遺失僅留拓圖
等級：1

F144：紹熙元寶折二篆書背上仰月下星
　　　（丁譜）
特徵：僅見，錢風似川錢
等級：1

F145：紹熙元寶折二篆書背上俯月下星
　　　（高郵鐵錢）
特徵：僅見，稀錢
等級：1

F146：紹熙元寶折三真書背上月孕雙星
　　　（張）
特徵：中樣，背寬緣，12.99g，32.5mm
等級：8

F147：紹熙元寶折三真書背上月孕雙星
　　　（張）
特徵：大樣，大刀紹，12.13g，32.0mm
等級：8

F148：紹熙元寶折三真書背上月孕雙星
　　　（張）
特徵：中小樣，寬緣，小字
等級：8

F149：紹熙元寶折三真書背上月孕雙星
　　　（兩宋鐵錢）
特徵：小樣
等級：8

F150：紹熙元寶折三真書背上月孕雙星
　　　（張）
特徵：最小樣，7.75g，29.3mm
等級：8

F151：紹熙元寶折三真書背上月孕雙星下
　　　二七（張）
特徵：怪異，參考品，7.79g，32.0mm
等級：

F152：紹熙元寶折三真書背上月孕雙星下
　　　四六（張）
特徵：川錢，6.33g，32.0mm
等級：7

F153：紹熙元寶折三真書背上月孕雙星右
　　　四左七（張）
特徵：川錢，7.38g，32.3mm
等級：7
等級：8

F154：紹熙元寶折三真書背上月孕雙星右
　　　四左八（張）
特徵：川錢
等級：7

F155：紹熙元寶折三真書背上月孕雙星右
　　　四左九（張）
特徵：川錢，9.47g，31.5mm
等級：7

F156：紹熙元寶折三真書背上月孕雙星右
　　　五左十（張）
特徵：川錢，8.27g，31.3mm
等級：7
等級：8

G.慶元元寶，通寶（1195-1200）

　　南宋寧宗名擴，光宗之子。在位三十年壽五十七，改元凡四、慶元六年、嘉泰四年、開禧三年、嘉定十七年。淮鑄慶元錢因[文不可重]，所以淮錢只鑄通寶而無元寶，不過川域仍鑄有慶元元寶錢。新皇帝新作風，寧宗慶元開始所有錢幣面文規範化僅用真書，取消了背星月文。慶元通寶之春元，春二，與漢元鑄有面文直讀旋讀並存。其他的一律採用真書旋讀，鑄造亦頗為精美。慶元前後凡六年，其時淮域尚存有三監、蘄春、同安與漢陽。這回高郵出土中發現慶元通寶有小平與折二背春七、同七、與漢七。高郵出土初期整理小平錢只發現漢元至漢五，未見漢六與漢七（高郵出土鐵錢，1995年版）。不過之後漢六（G041）漢七（G042）也陸續現世。這批慶元七年錢之出現係因各監在歲底前尚未接到改元詔書，預先鑄造慶元七年錢幣。改元詔書下達當立既改鑄嘉泰錢，己鑄成之慶元通寶七年錢應未流通而庫存準備銷毀重鑄，不過難免有少數流傳下來。慶元淮錢因已取消種種前朝花樣，變化已少品種也相對減少，難有特別錢值得提出。若要勉強提出就是慶元通背春元離緣小平（G002）及折二（G044）二枚。四川鑄的慶元鐵錢明顯不同，只鑄折三錢（穿上仰月孕二星），穿下紀爐次由五十至五六。爐次編則是沿續先朝紹熙爐次。其中爐次五十已出現於紹熙同時也出現於慶元，可知第五十爐次時間剛好介於紹熙五年與慶元元年之間。有一枚慶元通寶背上利六下五六（G106），利字當係指利州監，六字不知何意，穿下五六當係爐次。有一枚折三型慶元通寶背穿上永（G112），亦見於銅錢。此錢真偽待進一步考證。另有一枚慶元通寶折三型背穿下同（G113）亦是一枚未曾報導過的奇錢。另一枚奇錢是慶元通寶折三型背穿下五（G114）也未曾報導過。四川則另鑄有一系列折三慶元元寶多種，背穿上川三十四（G107），背上川右三十左五（G108），背上川右三左六（G109），背右三十左七（G110），及背上川六下三十七（G111）。此川字當係指邛州惠民監，其數目當係爐次。

G001：慶元通寶旋讀小平背上春下元（張）
特徵：細緣，4.68g，24.5mm
等級：9

G002：慶元通寶旋讀小平背上春下元（張）
特徵：寬緣，隔輪，少見，4.55g，24.9mm
等級：4

G003：慶元通寶對讀小平背上春下元
　　　（馬馳）
特徵：正字
等級：9

G004：慶元通寶對讀小平背上春下元（張）
特徵：元字首筆右斜，4.72g，24.2mm
等級：9

G005：慶元通寶對讀小平背上春下元（張）
特徵：長通寶，5.12g，24.2mm
等級：9

G006：慶元通寶旋讀小平背上春下二（張）
特徵：元字第二筆左斜，4.16g，24.8mm
等級：9

G007：慶元通寶旋讀小平背上春下二（張）
特徵：元接郭，4.47g，25.5mm
等級：9

G008：慶元通寶對讀小平背上春下二（張）
特徵：角折元，4.32g，24.8mm
等級：9

G009：慶元通寶對讀小平背上春下二（張）
特徵：圓折元，3.97g，24.1mm
等級：9

G010：慶元通寶對讀小平背上春下二（張）
特徵：小足元，4.24g，24.4mm
等級：9

G011：慶元通寶旋讀小平背上春下三（張）
特徵：窄甬通，離足元，5.94g，24.7mm
等級：9

G012：慶元通寶旋讀小平背上春下三（張）
特徵：接足元，背長三，4.42g，24.4mm
等級：9

G013：慶元通寶旋讀小平背上春下四（張）
特徵：升寶，短足元，4.60g，24.0mm
等級：9

G014：慶元通寶旋讀小平背上春下四
　　　（戴大慶）
特徵：背異四，降寶，長足元
等級：9

G015：慶元通寶旋讀小平背上春下五（張）
特徵：左足元長，4.83g，24.0mm
等級：9

G016：慶元通寶對旋讀小平背上春下五
　　　（兩宋鐵錢）
特徵：背中緣
等級：9

G017：慶元通寶小平背上春下五（張）
特徵：短寶，長甬通4.98g，2.41mm
等級：9

G018：慶元通寶小平背上春下五（張）
特徵：短寶，左斜通，背大五，4.36g，
　　　24.1mm
等級：9

G019：慶元通寶小平背上春下六
　　　（兩宋鐵錢）
特徵：長足元，長足寶
等級：9

G020：慶元通寶小平背上春下六（張）
特徵：短足元，短足寶，4.77g，24.1mm
等級：9

G021：慶元通寶小平背上春下七（張）
特徵：稍少見，3.87g，24.0mm
等級：6

G022：慶元通寶小平背上同下元（張）
特徵：小樣，窄穿，背小元，4.53g，
　　　25.0mm
等級：9

G023：慶元通寶小平背上同下元（張）
特徵：大樣，大字，背大元，5.16g，
　　　25.0mm
等級：9

G024：慶元通寶小平背上同下二（張）
特徵：左斜寶，短左足元，3.68g，24.0mm
等級：9

G025：慶元通寶小平背上同下二（張）
特徵：接足元，4.25g，24.0mm
等級：9

G026：慶元通寶小平背上同下三（張）
特徵：短寶，3.53g，24.0mm
等級：9

G027：慶元通寶小平背上同下三（張）
特徵：長寶，大元，3.32g，24.0mm
等級：9

G028：慶元通寶小平背上同下四（張）
特徵：離郭元，3.50g，24.0mm
等級：9

G029：慶元通寶小平背上同下四（張）
特徵：點元，背左斜四，3.28g，24.0mm
等級：9

G030：慶元通寶小平背上同下五（張）
特徵：普品，4.10g，25.0mm
等級：9

G031：慶元通寶小平背上同下六（張）
特徵：長寶，4.17g，24.3mm
等級：9

G032：慶元通寶小平背上同下六
　　　（兩宋鐵錢）
特徵：寬通，中緣
等級：9

G033：慶元通寶小平背上同下六（張）
特徵：短甬通，3.93g，24.3mm
等級：9

G034：慶元通寶小平背上同下七（張）
特徵：稍少見，33.8g，24.0mm
等級：5

G035：慶元通寶小平背上漢下元（張）
特徵：不多見，4.50g，24.0mm
等級：6

G036：慶元通寶小平背上漢下二（張）
特徵：少見，4.54g，25mm
等級：5

G037：慶元通寶小平背上漢下三（張）
特徵：甚少見，4.25g，24.2mm
等級：4

G038：慶元通寶小平背上漢下四（張）
特徵：少見，3.43g，24.1mm
等級：5

G039：慶元通寶小平背上漢下五（張）
特徵：少見4.77g，24.3mm
等級：5

G040：慶元通寶小平背上漢下五
　　　（兩宋鐵錢）
特徵：雙漢五，誤置錯版
等級：

G041：慶元通寶小平背上漢下六（張）
特徵：稀珍，3.91g，23.5mm
等級：2

G042：慶元通寶小平背上漢下七（張）
特徵：極珍稀，近出土，3.42g，24.0mm
等級：1

G043：慶元通寶旋讀折二背上春下元（張）
特徵：短足寶，背小元，8.78g，28.8mm
等級：8

G044：慶元通寶旋讀折二背上春下元（張）
特徵：隔輪，長足寶，背大元，少見版，
6.33g，28.0mm
等級：5

G045：慶元通寶對讀折二背上春下元（張）
特徵：離郭，降元，6.22g，28.5mm
等級：8

G046：慶元通寶對讀折二背上春下元（張）
特徵：長足元，背圓折元，8.63g，28.5mm
等級：8

G047：慶元通寶施讀折二背上春下二（張）
特徵：長寶，小足寶，4.76g，29.2mm
等級：8

G048：慶元通寶施讀折二背上春下二
（戴大慶）
特徵：長足寶，長甬通
等級：8

G049：慶元通寶旋讀折二背上春下二（張）
特徵：長足寶，長足元，6.93g，28.5mm
等級：8

G050：慶元通寶旋讀折二背上春下二（張）
特徵：短足寶，長足元，8.37g，28.2mm
等級：8

G051：慶元通寶對讀折二背上春下二（張）
特徵：正字7.40g，28.5mm
等級：8

G052：慶元通寶對讀折二背上春下二（張）
特徵：闊緣，縮元7.87g，27.6mm
等級：8

G053：慶元通寶對讀折二背上春下二（張）
特徵：長足寶，窄甬通，6.66g，28.5mm
等級：8

G054：慶元通寶旋讀折二背上春下三（張）
特徵：離足寶，離足元，8.20g，28.2mm
等級：8

G055：慶元通寶旋讀折二背上春下三（張）
特徵：接足元，小足寶，7.23g，29.0mm
等級：8

G056：慶元通寶旋讀折二背上春下三（張）
特徵：長足寶，元首筆長斜6.48g，28.0mm
等級：8

G057：慶元通寶旋讀折二背上春下三（張）
特徵：中穿，長寶6.55g，29.0mm
等級：8

G058：慶元通寶旋讀折二背上春下三（張）
特徵：寬貝寶，離郭元，6.49g，29.0mm
等級：8

G059：慶元通寶旋讀折二背上春下四（張）
特徵：大慶，通字走甬分離，7.62g，28.8mm
等級：8

G060：慶元通寶旋讀折二背上春下四
　　　（兩宋鐵錢）
特徵：短貝寶
等級：8

GO61：慶元通寶旋讀折二背上春下四
　　　（兩宋鐵錢）
特徵：升寶，降通
等級：8

G062：慶元通寶旋讀折二背上春下四
　　　（戴大慶）
特徵：元足分離，通甬右傾
等級：8

G063：慶元通寶旋讀折二背上春下四
　　　（戴大慶）
特徵：大足寶，長走通
等級：8

G064：慶元通寶旋讀折二背上春下四（張）
特徵：小字，雙點通，8.22g，28.0mm
等級：8

G065：慶元通寶旋讀折二背上春下四
　　　（戴大慶）
特徵：元寶離郭
等級：8

G066：慶元通寶旋讀折二背上春下四（張）
特徵：離寶，接郭元，7.67g，28.5mm
等級：8

G067：慶元通寶旋讀折二背上春下四（張）
特徵：寬貝寶，通字走誰甬，7.85g，
　　　29.0mm
等級：8

G068：慶元通寶旋讀折二背上春下四（張）
特徵：小樣，寶接郭，7.32g，28.1mm
等級：8

G069：慶元通寶旋讀折二背上春下四
　　　（陸漢光）
特徵：寬方貝寶
等級：8

G070：慶元通寶旋讀折二背上春下五
　　　　（馬馳）

特徵：短足寶，元首筆上提，右足短

等級：8

G071：慶元通寶旋讀折二背上春下五
　　　　（馬馳）

特徵：長足寶，元右足長

等級：8

G072：慶元通寶旋讀折二背上春下六
　　　　（馬馳）

特徵：大樣，正字

等級：8

G073：慶元通寶旋讀折二背上春下六
　　　　（馬馳）

特徵：小樣，瘦字

等級：8

G074：慶元通寶旋讀折二背上春下七
　　　　（馬馳）

特徵：稍少見

等級：6

G075：慶元通寶旋讀折二背上同下元（張）
特徵：6.04g，28.7mm
等級：9

G076：慶元通寶旋讀折二背上同下二（張）
特徵：離足寶，7.47g，28.8mm
等級：9

G077：慶元通寶旋讀折二背上同下二（張）
特徵：分足寶，7.99g，29.0mm
等級：9

G078：慶元通寶旋讀折二背上同下三
　　　（馬馳）
特徵：普品
等級：9

G079：慶元通寶旋讀折二背上同下四
　　　（馬馳）
特徵：通字走甬離
等級：9

G080：慶元通寶旋讀折二背上同下四
　　　（馬馳）
特徵：離足元
等級：9

G081：慶元通寶旋讀折二背上同下五（張）
特徵：斜足元，6.60g，28.0mm
等級：9

G082：慶元通寶旋讀折二背上同下五（張）
特徵：正足元，異首通，6.72g，28.3mm
等級：9

G083：慶元通寶旋讀折二背上同下六（張）
特徵：粗緣，小元，6.41g，28.3mm
等級：9

G084：慶元通寶旋讀折二背上同下六（張）
特徵：細緣，寬通，大元，4.75g，28.0mm
等級：9

G085：慶元通寶旋讀折二背上同下七（張）
特徵：稍少見，7.46g，28.9mm
等級：6

G086：慶元通寶旋讀折二背上漢下元（張）
特徵：粗緣，長甬通，背大元，8.28g，
　　　29.0mm
等級：8

G087：慶元通寶旋讀折二背上漢下元（張）
特徵：小樣，背小合足元，8.23g，28.9mm
等級：8

G088：慶元通寶對讀折二背上漢下元
　　　（兩宋鐵錢）
特徵：細緣，大字
等級：8

G089：慶元通寶對讀折二背上漢下元（張）
特徵：粗緣，小字，8.54g，29.2mm
等級：8

G090：慶元通寶旋讀折二背上漢下二（張）
特徵：7.79g，28.9mm
等級：8

G091：慶元通寶旋讀折二背上漢下三
　　　（馬馳）
特徵：
等級：8

G092：慶元通寶旋讀折二背上漢下四（張）
特徵：6.91g，28.0mm
等級：8

G093：慶元通寶旋讀折二背上漢下五（張）
特徵：5.84g，29.0mm
等級：8

G094：慶元通寶旋讀折二背上漢下六（張）
特徵：7.64g，29.0mm
等級：8

G095：慶元通寶旋讀折二背上漢下七
　　　（馬馳）
特徵：少見
等級：5

G096：慶元通寶旋讀折三背上月孕雙星
　　　（張）
特徵：厚重，10.64g，32.0mm
等級：8

G097：慶元通寶對讀折三背上月孕雙星
　　　（張）
特徵：5.59g，30.2mm
等級：8

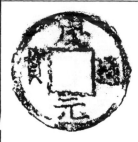

G098：慶元通寶對讀折三背上月孕雙星下
　　　五十（張）
特徵：9.68g，32.2mm
等級：7

G099：慶元通寶對讀折三背上月孕雙星下
　　　五一（張）
特徵：合足寶長通，9.46g，31.8mm
等級：7

G100：慶元通寶對讀折三背上月孕雙星下
　　　五一（張）
特徵：寬貝分足寶，10.81g，31.7mm
等級：7

G101：慶元通寶對讀折三背上月孕雙星下
　　　五二（張）
特徵：10.30g，31.3mm
等級：7

G102：慶元通寶對讀折三背上月孕雙星下
　　　五三（張）
特徵：
等級：7

G103：慶元通寶對讀折三背上月孕雙星下
　　　五四（張）
特徵：
等級：7

G104：慶元通寶對讀折三背上月孕雙星下
　　　五五（張）
特徵：9.67g，31.0mm
等級：7

G105：慶元通寶對讀折三背上月孕雙星下
　　　五六（兩宋鐵錢）
特徵：
等級：7

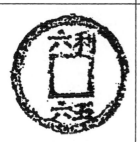

G106：慶元通寶對讀折三背上利六下五六
　　　（兩宋鐵錢）
特徵：少見
等級：5

G107：慶元元寶折三或折二背上川三十四
　　　（張）
特徵：9.87g，31.0mm
等級：7

G108：慶元元寶折三或折二背上川右三十
　　　左五（張）
特徵：11.56g，32.0mm
等級：7

G109：慶元元寶折三或折二背上川右三左
　　　六（兩宋鐵錢）
特徵：
等級：7
　　──

G110：慶元元寶折三或折二背上川右三十
　　　左七（張）
特徵：12.34g，33.0mm
等級：7

G111：慶元元寶折三或折二背上川六下
　　　三十七（張）
特徵：8.24g，29.5mm
等級：7

G112：慶元通寶旋讀折五背上永
　　　（張）
特徵：應是饒州永豐監所鑄，
　　　少見珍稀錢，10.96g，
　　　34.3mm
等級：4

G113：慶元通寶旋讀折三背下同
　　　（林春雄）
特徵：來源不詳
等級：

G114：慶元通寶旋讀折三背下五
　　　（張）
特徵：銅版鐵鑄，10.49g，
　　　33.0mm
等級：5

H.嘉泰元寶，通寶（1201-1204）

　　嘉泰為南宋寧宗的第二個年號，前後凡四年。其時淮區尚存有三監。嘉泰鐵錢有元寶與通寶之分，通寶者不論何監或大小一律為真書對讀。元寶者均係元年所鑄，其中同安與漢陽兩監所鑄全為真書旋讀，而蘄春監仍為真書對讀。漢陽監只見折二，未見小平鐵錢。嘉泰前後四年，各監均未見嘉泰四年之鑄品，因在嘉泰三年七月廢罷蘄春。同安與漢陽鐵錢監至開禧元年六月始復監。不過銅錢卻有嘉泰四年，可能是由其他銅錢監所鑄。四川錢監則僅鑄嘉泰元寶折三鐵錢。嘉泰元寶背上川系列（川一、川二、川三）可能是邛州嘉定監所鑄，穿上一二三與穿下爐次相關，意義不知。穿下數字指的當是爐次由三十八至四一（H030-H033），接續前朝慶元的三十七爐次（G111）。另一系列為利州紹興監所鑄，背穿上利元，穿下爐次號碼由五六至六十（H034-H038），延續慶元背上利六下五六（G106）之爐次。有一枚背上利（未再出現元字）下六十（H039）應是接下的第六十爐次，只是不知何因除去元字。另出現一枚較為奇特諸譜未載的嘉泰背穿上北（H040），檢視實物也不似改刻，但其真偽仍值得懷疑。

H001：嘉泰元寶小平背上春下元（張）
特徵：5.00g，24.9mm
等級：8

H002：嘉泰通寶小平背上春下元（張）
特徵：3.77g，23.7mm
等級：8

H003：嘉泰通寶小平背上春下二（張）
特徵：4.13g，24.6mm
等級：8

H004：嘉泰通寶小平背上春下三（張）
特徵：4.54g，24.2mm
等級：8

H005：嘉泰元寶小平背上同下元（張）
特徵：4.42g，24.0mm
等級：8

H006：嘉泰通寶小平背上同下元（張）
特徵：3.95g，24.7mm
等級：8

H007：嘉泰通寶小平背上同下二（張）
特徵：背升二，4.26g，24.0mm
等級：8

H008：嘉泰通寶小平背上同下二（馬馳）
特徵：通甬右斜，背降二
等級：8

H009：嘉泰通寶小平背上同下三
　　　（兩宋鐵錢）
特徵：長寶，背寬穿
等級：8

H010：嘉泰通寶小平背上同下三
　　　（兩宋鐵錢）
特徵：短寶，背窄穿，3.48g，24.0mm
等級：8

H011：嘉泰元寶旋讀折二背上春下元（張）
特徵：7.01g，28.2mm
等級：8

H012：嘉泰元寶旋讀折二背上春下元（張）
特徵：特輕，3.69g，28.5mm
等級：8

H013：嘉泰元寶對讀折二背上春下元（張）
特徵：6.49g，28.6mm
等級：8

H014：嘉泰通寶對讀折二背上春下元（張）
特徵：7.40g，28.6mm
等級：8

H015：嘉泰通寶對讀折二背上春下二
　　　（兩宋鐵錢）
特徵：離寶
等級：8

H016：嘉泰通寶對讀折二背上春下二
　　　（馬馳）
特徵：窄字，細緣
等級：8

H017：嘉泰元寶旋讀折二背上春下三（張）
特徵：寬貝寶，7.46g，28.8mm
等級：8

H018：嘉泰元寶旋讀折二背上春下三（張）
特徵：窄貝寶，7.48g，28.3mm
等級：8

H019：嘉泰元寶旋讀折二背上同下元（張）
特徵：7.19g，29.0mm
等級：8

H020：嘉泰通寶對讀折二背上同下元（張）
特徵：6.81g，28.7mm
等級：8

H021：嘉泰通寶對讀折二背上同下二
　　　（兩宋鐵錢）
特徵：廣穿
等級：8

H022：嘉泰通寶對讀折二背上同下二（馬馳）
特徵：窄穿，小樣
等級：8

H023：嘉泰通寶對讀折二背上同下二
　　　（兩宋鐵錢）
特徵：大樣，窄穿，寬緣
等級：8

H024：嘉泰通寶對讀折二背上同下三（張）
特徵：離 寶寬通，5.46g，28.0mm
等級：8

H025：嘉泰通寶對讀折二背上同下三（張）
特徵：長寶，窄通，6.66g，28.0mm
等級：8

H026：嘉泰元寶旋讀折二背上漢下元（張）
特徵：6.34g，28.3mm
等級：8

H027：嘉泰通寶對讀折二背上漢下元（張）
特徵：6.59g，29.0mm
等級：8

H028：嘉泰通寶對讀折二背上漢下二（張）
特徵：5.59g，29.0mm
等級：8

H029：嘉泰通寶對讀折二背雙漢雙二
　　　（呂紹奇）
特徵：背覆蓋錯版
等級：

H030：嘉泰通寶對讀折二背上同漢下三
　　　（張）
特徵：6.52g，28.0mm
等級：8

H031：嘉泰元寶旋讀背上川一下三十八
　　　（張）
特徵：11.91g，32.0mm
等級：7

H032：嘉泰元寶旋讀背上川二下三十九
　　　（張）
特徵：10.35g，31.2mm
等級：7

H033：嘉泰元寶旋讀背上川三下四十（張）
特徵：11.98g，32.0mm
等級：7

H034：嘉泰元寶旋讀背上川三下四一（張）
特徵：11.03g，32.2mm
等級：7

H035：嘉泰元寶旋讀背上利元下五六
　　　（兩宋鐵錢）
特徵：
等級：7

H036：嘉泰元寶旋讀背上利元下五七（張）
特徵：9.18g，30.0mm
等級：7

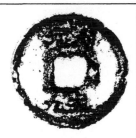

H037：嘉泰元寶旋讀背上利元下五八（張）
特徵：8.31g，30.0mm
等級：7

H038：嘉泰元寶旋讀背上利元下五九（張）
特徵：10.39g，31.0mm
等級：7

H039：嘉泰元寶旋讀背上利元下五九（張）
特徵：背小字，8.00g，30.0mm
等級：7

H040：嘉泰元寶旋讀背上利下六十（張）
特徵：9.13g，30.1mm
等級：7

H041：嘉泰元寶旋讀背上北（張）
特徵：首見，參考品，10.51g，31.2mm
等級：

I.開禧元寶，通寶（1205-1207）

開禧為南宋寧宗的第三個年號，前後共三年，淮區仍有三鐵錢監。淮域嘉泰鐵錢不論小平或折二全是真書旋讀通寶。漢陽監只見折二未見小平鐵錢，因在嘉泰三年七月廢罷蘄春監。同安與漢陽鐵錢監至開禧元年六月始復監。所以所見開禧通寶淮鐵錢應全是在開禧元年六月之後所鑄，分小平與折二，小平錢有春元、春二、春三、同元、同二、同三等六種，但未見背漢小平錢。折二錢則有春元、春二、春三、同元、同二、同三、漢元，漢二、漢三等九種。四川錢則基本上延續先朝嘉泰風格，只鑄元寶錢。開禧元寶背上川三系列如前所提可能是邛州嘉定監所鑄，穿下數字由四二至四四（I019-I021）也是接續前朝嘉泰的四一爐次（H033）。利州紹興監所鑄背穿上利系列，穿下爐次號碼由六十至六二（I022-I024），延續慶元元寶背上利下六十（H039）之爐次。出現相同爐次於不同紀元可知當時爐次編號並未因改元有所變更，也就是在六十爐次鑄期正是介於嘉泰四年與開禧元年之間。值得一提的是爐次號碼於六十與六二是橫寫但六一卻是直寫。

I001：開禧通寶小平背上春下元
　　　（兩宋鐵錢）
特徵：
等級：7

I002：開禧通寶小平背上春下二（馬馳）
特徵：
等級：7

I003：開禧通寶小平背上春下三（馬馳）
特徵：3.67g，24.0mm
等級：7

I004：開禧通寶小平背上同下元（馬馳）
特徵：
等級：7

I005：開禧通寶平背上同下二（馬馳）
特徵：
等級：7

I006：開禧通寶小平背上同下三（張）
特徵：3.50g，24.0mm
等級：8

I007：開禧通寶旋讀折二背上春下元
　　　（兩宋鐵錢）
特徵：大樣
等級：8

I008：開禧通寶旋讀折二背上春下元
　　　（兩宋鐵錢）
特徵：小樣
等級：8

I009：開禧通寶旋讀折二背上春下二（張）
特徵：6.81g，28.8mm
等級：8

IO10：開禧通寶旋讀折二背上春下三（張）
特徵：6.95g，28.0mm
等級：8

I011：開禧通寶旋讀折二背上同下元（張）
特徵：6.67g，28.1mm
等級：8

I012：開禧通寶旋讀折二背上同下二（張）
特徵：6.67g，28.3mm
等級：8

I013：開禧通寶旋讀折二背上同下三（張）
特徵：背粗緣7.35g，28.2mm
等級：8

I014：開禧通寶旋讀折二背上同下三
　　　（馬馳）
特徵：離寶
等級：8

I015：開禧通寶旋讀折二背上漢下元
　　　（兩宋鐵錢）
特徵：
等級：8

I016：開禧通寶對讀折二背上漢下元（張）
特徵：7.62g，28.0mm
等級：8

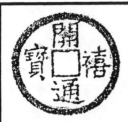   

I017：開禧通寶旋讀折二背上漢下二
　　　（馬馳）
特徵：
等級：8

I018：開禧通寶旋讀折二背上漢下三
　　　（兩宋鐵錢）
特徵：
等級：8

I019：開禧元寶對讀折三背上三川下四二
（張）
特徵：11.87g，33.0mm
等級：6

I020：開禧元寶對讀折三背上三川下四三
（兩宋鐵錢）
特徵：
等級：6

I021：開禧元寶對讀折三背上三川下四四
（兩宋鐵錢）
特徵：
等級：6

I022：開禧元寶對讀折三背上利下六十（張）
特徵：10.04g，31.0mm
等級：6

I023：開禧元寶對讀折三背上利下六一
（兩宋鐵錢）
特徵：
等級：6

I024：開禧元寶對讀折三背上利下六二
（兩宋鐵錢）
特徵：
等級：6

J.聖宋元寶，重寶（1208）

　　聖宋並非為宋朝年號，北宋徽宗年號有六但並無聖宋，但卻鑄造少量聖宋元寶，或許有祝福宋朝之意。南宋聖宋亦非年號，宋寧宗四種年號也沒有聖宋。聖宋元重寶鐵錢據考証應是鑄造於嘉定元年，也是有祝福之意。據《建炎以來朝廷雜記》載：「嘉定元年十一月，四川初行當五大錢……。」利州紹興監錢以聖宋重寶為文，其背鑄利一二字，又鑄篆五字。今所見聖宋重寶背利臺五（J002）當係為寧宗嘉定元年底由利州紹興州所鑄。壹字當係指元年，穿下篆五應是指當五大錢。背川壹五（J003、J004）則為邛州惠民監同時所鑄，南宋折五大錢自此始。聖宋元寶背上月孕双星右左四七（J001）當係折三錢，四七或許是指爐次，若是則此錢應是為邛州惠民監所鑄。此錢應與重寶同時鑄造，但數量相對甚少。聖宋錢只出於四川錢監，未見於兩淮錢監。嘉定元年錢（背元）分別鑄於蘄春，同安，與漢陽三監。四川嘉定眾多寶錢均未紀年無法確知其鑄造時間，當然有些可能也鑄於嘉定元年。由此推理，這批聖宋鐵錢應是屬於祝賀性質，只鑄一次之慶賀紀念錢幣。南宋四川鐵錢背紀爐次始於紹熙，這枚背上月孕双星右左四七錢是最後一枚紀爐次鐵錢，未再出現於之後鐵錢。

J001：聖宋元寶旋讀折三背上月孕雙星右
　　　四左七（兩宋鐵錢）
特徵：甚少見，6.79g，33.1mm
等級：4

J002：聖宋重寶對讀折三背上利壹下五
　　　（張）
特徵：6.79g，33.1mm
等級：6

J003：聖宋重寶對讀折三背上川壹下五
　　　（張）
特徵：川壹大字，11.19g，33.5mm
等級：6

J004：聖宋重寶對讀折三背上川壹下五
　　　（張）
特徵：川壹小字，10.76g，34.0mm
等級：6

K.嘉定元寶，通寶，重寶，…（1208-1224）

　　嘉定是南宋寧宗在位三十年所採用的最後年號，長達十七年。嘉定十七年八月逝，皇侄沂王昀既位為理宗。嘉定年間四川鑄造的嘉定鐵錢是史上用同年號為錢文，不同寶種類最多的一種年號。關於嘉定鐵錢錢文如此多樣化的形成，為何僅限於川錢而未推行於淮錢，目前尚未有明確答案。嘉定鐵錢仍承先朝，分為淮域與四川，錢風完全不同。嘉定淮錢風格與諸先朝大致不變。嘉定年間淮域有三鐵錢監，蘄春，同安，與漢陽，只鑄嘉定通寶錢一種。或許因朝廷財務困難，僅鑄折二錢，小平鐵錢由嘉定起已完全停鑄，且折二錢之大小重量也明顯減小。嘉定元年蘄春監同時鑄有對旋讀（K003）與旋讀（K004、K005）背春元錢。二年至五年則只鑄對讀春二至春五（K006-K009）。嘉定六年至十七年，所鑄春六至春十七（K010-K018、K020-K023）錢則改為旋讀。不過不知何故於嘉定十三年同時亦鑄有對讀春十三錢（K019）。同安監鑄對讀嘉定通寶，由同元（K024、K025）只到同三（K027）。史載嘉定七年十二月被罷鑄鐵錢，但卻未見同四至同七錢不知何故。漢陽監則連續鑄旋讀嘉定通寶由漢元至漢十七（K028-K045）。不過有一枚旋讀嘉定元寶背上漢下俯月（K046），當係也是漢陽監所鑄。這是惟一淮域出的元寶且未紀年。四川鑄嘉定寶文目前為大家認同的共有二十種：元、通、重、永、安、万、全、崇、正、真、新、洪、珍、隆、泉、封、之、大、興、至等。另一枚嘉定平寶背上月孕雙星（K079）係本人多年前購入，因未見第二枚出現故暫定參考品。另日本泉譜《東洋古錢價格圖說》錄有國寶（K117），鉅寶（K118），及宋寶（K120）拓圖，國內未曾有任何報導，且拓圖明顯非為實錢作拓，所以應是臆作錢。這些四川嘉定鐵錢又分折二折三與折五三種，少部份有篆書体。錢背文變化亦是空前絕後，如穿下五（或篆五或伍），其穿上有當、行、用、折、直、復、榆、通、信、使、正、惠、權、利壹、利貳、利三、利州、西二、西三、西四等等。四川嘉定鐵錢品種繁多現分述如下：

嘉定元寶：有一枚背上利州下一小型錢（K001），其一字應是指小平為利州紹興
　　　　　監所鑄，這是嘉定鐵錢中惟一小平錢。一枚出自日本泉譜《東洋古錢
　　　　　價格圖譜》背利州二（K047），未見於國內報導。另一枚折二型背穿

上二（K002），依其錢文書法可能也應是利州紹興監所鑄。一枚折二型背上邛下西一當係邛州惠民監所鑄，西字不清其意，可能是指邛州惠民監。一字或許為元年。嘉定元寶背上月孕双星下西一（K057）則是惠民監所鑄折三錢。嘉定元寶背上利州下三（K058、K059）是利州紹興監所鑄折三錢。一枚錢文篆体背上三下三（K060）但未鑄監或地名，穿上三應是指紀年，穿下三指折三錢值。一枚嘉定元寶背上月孕双星（K080）當係折三錢但不知何監所鑄。另有背上利壹下篆五（K081），利貳下伍（K082），利三下伍（K083）則全是利州所鑄當五大錢，其穿上臺貳三或許是紀年。另有一枚背上利州下伍（K084）則可能在嘉定四年之後利州所鑄。另一系列背上由西二至西三下伍（K086-K088）應是邛州惠民監於嘉定二至四年所鑄之折五大錢。嘉定元寶另有背當五（K090）、行伍（091）、用五（K092）、及鑄折伍（K093）。除了邛代表地名外，其餘當、行、用等字應是形容詞。

嘉定通寶：嘉定通寶出了一品背上西三下伍（K088），與如上元寶背文相同所以應也是利州紹興監所鑄。接下一枚是背上西四下伍（K089）則是嘉定四年鑄。另嘉定通寶也出現背上折下伍（K094），背上折下五（K095）。背上直下五（K096），背上復下伍（K098），與背上用下五（K099），因未鑄地或監名無法得知何監所鑄。《古泉大全》有一枚嘉定通寶背上行下五，國內未聞。

嘉定重寶：嘉定重寶真書有背折五（K100）及用五，分大小型（K104、K103）兩種，不知由何監所鑄。嘉定重寶隸書有背上榆下五（K101）與背上通下五（K104）兩種。這枚背榆五鐵錢出現於日本泉譜《東洋古錢價格圖說》，國內未曾有報導。不過依拓圖研判有可能是真錢。另有篆書嘉定重寶背上行下五（K105、K106），亦無法得知何監所鑄。

嘉定永寶：嘉定永寶共有四種，背穿上均為定字應非指光州定城監（淮錢監）。且史載光州定城監在紹熙三年即廢，似不可能幾十年後再出現定城監所鑄錢所以定字應是指四川嘉定監。當然也可能定字是類同當或折字之含義。嘉定永寶有折二背上定下月孕單星（K051），背上定下二（K052），折三背上定下月孕双星（K067），及背上定下三

（K068）。

嘉定安寶：嘉定安寶有折二背上月孕單星（K053）及折三背上三（K069）二種。

嘉定万寶：嘉定万寶有折二背上月孕單星（K056）與折三背上月孕双星（K071、K072）兩種，不知何監所鑄。

嘉定全寶：嘉定全寶有折二背上月孕單星（K051），折三背上三（K064、K065）及背上月孕双星（K066）三種。《古泉大全》列有一枚嘉定全寶背穿上五，國內未見甚值得懷疑。

嘉定崇寶：嘉定崇寶有折二背上月孕單星（K049）與折三背上月孕双星（K061）兩種。

嘉定正寶：嘉定正寶亦有折二背上月孕單星（K050）與折三背上月孕双星（K062）兩種。

嘉定真寶：嘉定真寶亦有折二背上月孕單星（K054）與折三背上月孕双星（K070）兩種。

嘉定新寶：嘉定新寶只有一種折三背穿上三（K076）。

嘉定洪寶：嘉定洪寶只有一種折三背穿上三（K075）。

嘉定珍寶：嘉定珍寶有二種折五錢，分別為背上信下伍（K107）及背上使下伍（K108）。信與使應是形容字而非地或監名。

嘉定隆寶：嘉定隆寶國內僅出現一種折三錢背穿上三（K074），是南宋鐵錢名譽錢之一。《古泉大全》列有一枚嘉定隆寶背穿上月孕双星錢，國內所未見。另一日本泉譜一枚折五嘉定隆寶背穿下伍字（K119），值得懷疑其真偽。

嘉定泉寶：嘉定泉寶僅出一枚折三錢，背上月孕雙星（K077）。

嘉定封寶：嘉定封寶只見一枚缺角的折五背上權下伍（K115），也是南宋鐵錢名譽錢之一。日本泉譜那一枚（K116）品相甚佳但可靠度不高。

嘉定之寶：嘉定之寶有背文直讀利州行使依大小可分二種（K055、K073），小型者應是折三，大型者當係折五。另有折五背上正下伍（K109）與背上正下五（K110）兩種。

嘉定大寶：嘉定大寶國內只見一枚折三背上月孕双星（K078），也是南宋鐵錢名譽錢之一。日本泉譜有一枚缺角折五背當伍（K114）。

嘉定興寶：嘉定興寶僅出一枚折五錢，背上正下伍（K113）。

嘉定至寶：嘉定至寶僅出一枚折五錢，背上惠下伍（K111、K112），惠字當係指
　　　　　邛州惠民監所鑄。羅伯昭先生說尚有背局五錢，未見。
嘉定平寶：嘉定平寶僅出一枚折三錢，背上月孕双星（K079）。此錢本人多年前
　　　　　購得，錢体就如一般四川鐵錢不易辨出真偽，目前暫列未考品。
嘉定國寶：嘉定國寶真書對讀出於日本泉譜，背上折下伍（K117），國內未聞出
　　　　　土紀錄，應是日本臆造錢。
嘉定鉅寶：嘉定鉅寶真書對讀，也是出於日本泉譜，背上直下伍（K118），國內
　　　　　未聞出土紀錄，應也是日本出自同一人之臆造錢。
嘉定宋寶：嘉定宋寶真書旋讀，也是出於日本泉譜，背上行下伍（K120），國內
　　　　　未聞出土紀錄，應也是日本出自同一人之臆造錢。

　　此外丘思達先生說重慶有人藏有嘉定用寶，但未見錢與圖無法確認。有可
能今後尚會有嘉定新寶文出現。四川鑄嘉定鐵錢品種及變化繁多堪稱中國錢幣
史上之首創，為後人留下極具收藏趣味之題材。

K001：嘉定元寶旋讀小平背上利州下一
　　　（張）
特徵：4.30g，25.5mm
等級：7

K002：嘉定元寶旋讀折二背上二（張）
特徵：6.78g，28.0mm
等級：7

K003：嘉定通寶旋讀折二背上春下元
　　　（張）
特徵：5.72g，29.0mm
等級：8

K004：嘉定通寶對讀折二背上春下元
　　　（張）
特徵：長寶長甬通，7.02g，28.0mm
等級：8

K005：嘉定通寶對讀折二背上春下元（張）
特徵：寬貝寶寬甬通異定冠，8.34g，
　　　29.0mm
等級：8

K006：嘉定通寶對讀折二背上春下二（張）
特徵：7.36g，28.0mm
等級：8

K007：嘉定通寶對讀折二背上春下三（張）
特徵：7.21g，27.5mm
等級：8

K008：嘉定通寶對讀折二背上春下四（張）
特徵：6.13g，27.5mm
等級：8

K009：嘉定通寶對讀折二背上春下五（張）
特徵：7.37g，27.4mm
等級：8

K010：嘉定通寶對讀折二背上春下六（張）
特徵：6.19g，27.0mm
等級：8

K011：嘉定通寶旋讀折二背上春下七（張）
特徵：5.26g，27.0mm
等級：8

K012：嘉定通寶旋讀折二背上春下八（張）
特徵：6.03g，27.0mm
等級：8

K013：嘉定通寶旋讀折二背上春下九（張）
特徵：7.43g，27.0mm
等級：8

K014：嘉定通寶旋讀折二背上春下十（張）
特徵：大字，7.31g，28,0mm
等級：8

K015：嘉定通寶旋讀折二背上春下十（張）
特徵：寬緣，6.21g，28.4mm
等級：8

K016：嘉定通寶旋讀折二背上春下十一
　　　（張）
特徵：6.51g，28.0mm
等級：8

K017：嘉定通寶旋讀折二背上春下十二
　　　（張）
特徵：7.64g，28.0mm
等級：8

K018：嘉定通寶旋讀折二背上春下十三
　　　（張）
特徵：6.53g，27.5mm
等級：8

K019：嘉定通寶對讀折二背上春下十三
（張）
特徵：6.34g，27.0mm
等級：8

K020：嘉定通寶旋讀折二背上春下十四
（張）
特徵：5.94g，27.2mm
等級：8

K021：嘉定通寶旋讀折二背上春下十五
（張）
特徵：6.68g，27.0mm
等級：8

K022：嘉定通寶旋讀折二背上春下十六
（張）
特徵：6.22g，26.2mm
等級：8

K023：嘉定通寶旋讀折二背上春下十七
　　　（張）
特徵：5.15g，26.0mm
等級：8

K024：嘉定通寶對讀折二背上同卜元
　　　（張）
特徵：寬寶，6.54g，28.0mm
等級：8

K025：嘉定通寶對讀折二背上同下元
　　　（兩宋鐵錢）
特徵：龇寶
等級：8

K026：嘉定通寶對讀折二背上同下二（張）
特徵：6.62g，28.0mm
等級：8

K027：嘉定通寶對讀折二背上同下三
　　　（馬馳）
特徵：
等級：8

K028：嘉定通寶對讀折二背上漢下元（張）
特徵：6.25g，28.8mm
等級：8

K029：嘉定通寶對讀折二背上漢下二（張）
特徵：7.43g，28.6mm
等級：8

K030：嘉定通寶對讀折二背上漢三（張）
特徵：6.81g，27.0mm
等級：8

K031：嘉定通寶對讀折二背上漢四（張）
特徵：5.09g，26.8mm
等級：8

K032：嘉定通寶對讀折二背上漢五（馬馳）
特徵：
等級：8

K033：嘉定通寶對讀折二背上漢六（張）
特徵：6.22g，27.0mm
等級：8

K034：嘉定通寶對讀折二背上漢下七（張）
特徵：6.10g，27.0mm
等級：8

K035：嘉定通寶對讀折二背上漢下八
　　　（馬馳）
特徵：
等級：8

K036：嘉定通寶對讀折二背上漢九（張）
特徵：6.62g，27.0mm
等級：8

K037：嘉定通寶對讀折二背上漢十（張）
特徵：7.28g，27.0mm
等級：8

K038：嘉定通寶對讀折二背上漢十一（張）
特徵：6.93g，27.0mm
等級：8

K039：嘉定通寶對讀折二背上漢十二（張）
特徵：4.28g，27.0mm
等級：8

K040：嘉定通寶對讀折二背上漢下十三
　　　（馬馳）
特徵：
等級：8

K041：嘉定通寶對讀折二背上漢下十四
　　　（張）
特徵：6.37g，27.5mm
等級：8

K042：嘉定通寶對讀折二背上漢十五（張）
特徵：短寶，5.02g，27.0mm
等級：8

K043：嘉定通寶對讀折二背上漢十五（張）
特徵：長寶，4.73g，27.2mm
等級：8

K044：嘉定通寶對讀折二背上漢十六（張）
特徵：5.08g，26.0mm
等級：8

K045：嘉定通寶對讀折二背上漢十七（張）
特徵：5.66g，26.0mm
等級：8

K046：嘉定元寶旋讀背上漢下俯月（張）
特徵：7.63g，28.0mm
等級：7

K047：嘉定元寶旋讀背上利州下二
　　　（東洋古錢價格圖譜）
特徵：近年國內出土未見，參考品
等級：

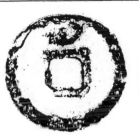

K048：嘉定元寶旋讀背上邛下凹一（張）
特徵：7.34g，28.4mm
等級：7

K049：嘉定崇寶旋讀背上月孕單星（張）
特徵：可能是月孕雙星，8.52g，31.0mm
等級：7

K050：嘉定正寶旋讀背上月孕單星（張）
特徵：8.70g，29.0mm
等級：7

K051：嘉定全寶旋讀背上月孕單星（張）
特徵：7.84g，29.0mm
等級：7

| K052：嘉定永寶旋讀背上定下仰月帶單星
（兩宋鐵錢）
特徵：
等級：6 | K053：嘉定永寶旋讀背上定下二
（兩宋鐵錢）
特徵：
等級：6 |

K054：嘉定安寶旋讀背上月孕單星（張）
特徵：8.64g，29.0mm
等級：7

K055：嘉定真寶對讀背上月孕單星
（兩宋鐵錢）
特徵：
等級：7

K056：嘉定之寶對讀折二型背利州行使
（兩宋鐵錢）
特徵：
等級：6

K057：嘉定新寶旋讀背上二（張）
特徵：8.78g，30.5mm
等級：7

K058：嘉定正寶旋讀背上仰月孕雙星（張）
特徵：9.31g，30.5mm
等級：7

K059：嘉定全寶旋讀背上三（張）
特徵：長貝寶，8.24g，30.0mm
等級：7

K060：嘉定全寶旋讀背上三（兩宋鐵錢）
特徵：
等級：7

K061：嘉定全寶旋讀背上仰月孕雙星（張）
　　　（兩宋鐵錢）
特徵：12.11g，31.7mm
等級：7

K062：嘉定永寶旋讀背上定下仰月孕雙星
　　　（兩宋鐵錢）
特徵：
等級：7

K063：嘉定永寶旋讀背上定下三
　　　（兩宋鐵錢）
特徵：
等級：7

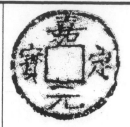

K064：嘉定元寶旋讀背上仰月孕雙星下西一
　　　（張）
特徵：9.31g，32.0mm
等級：7

K065：嘉定元寶旋讀背上利州下三（張）
特徵：小樣，8.24g，30.0mm
等級：7

K066：嘉定元寶旋讀背上利州下三（張）
特徵：大樣，9.02g，31mm
等級：6

K067：嘉定元寶篆書旋讀背上三下三
　　　（兩宋鐵錢）
特徵：
等級：6

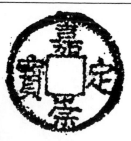

K068：嘉定崇寶旋讀背上仰月孕雙星
　　　（張）
特徵：7.68g，34.0mm
等級：7

K069：嘉定正寶旋讀背上仰月孕雙星
　　　（張）
特徵：13.46g，33.5mm
等級：7

K070：嘉定安寶旋讀背上三（兩宋鐵錢）
特徵：

K071：嘉定真寶對讀背上仰月孕雙星（張）
特徵：8.96g，32.0mm
等級：7

K072：嘉定万寶旋讀背上仰月孕雙星（張）
特徵：小樣，9.17g，32.0mm
等級：7

K073：嘉定万寶旋讀背上仰月孕雙星
　　　（兩宋鐵錢）
特徵：大樣，寬緣
等級：7

K074：嘉定之寶對讀折三型背利州行使
　　　（兩宋鐵錢）
特徵：
等級：6

K075：嘉定隆寶旋讀背上三（兩宋鐵錢）
特徵：珍稀名譽錢
等級：1

K076：嘉定洪寶旋讀背上三（張）
特徵：11.78g，33.0mm
等級：7

K077：嘉定新寶旋讀背上三（張）
特徵：10.26g，33.5mm
等級：7

K078：嘉定泉寶旋讀背上仰月孕雙星
　　　（兩宋鐵錢）
特徵：稀珍名譽錢
等級：1

K079：嘉定大寶旋讀背上仰月孕雙星
　　　（兩宋鐵錢）
特徵：稀珍名譽錢
等級：1

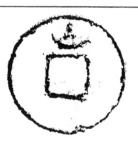

K080：嘉定平寶旋讀背上仰月孕雙星
　　　（張）
特徵：首見待確認，11.94g，32.0mm
等級：

K081：嘉定元寶旋讀背上仰月孕雙星
　　　（張）
特徵：10.42g，30.0mm
等級：7

K082：嘉定元寶旋讀背上利壹下五（張）
特徵：9.09g，33.1mm
等級：7

K083：嘉定元寶旋讀背上利貳下伍（張）
特徵：11.33g，34.5mm
等級：7

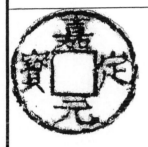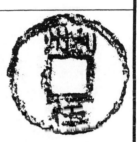

K084：嘉定元寶旋讀背上利三下伍（張）
特徵：10.78g，33.5mm
等級：7

K085：嘉定元寶旋讀背上利州下伍（張）
特徵：8.71g，32.8mm
等級：7

K086：嘉定元寶對讀背上西二下伍（張）
特徵：11.20g，34.0mm
等級：7

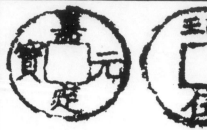

K087：嘉定元寶對讀背上西三下伍（張）
特徵：粗緣，13.15g，35.6mm
等級：7

K088：嘉定元寶對讀背上西三下伍（兩宋鐵錢）
特徵：細緣
等級：7

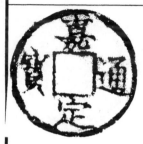

K089：嘉定通寶對讀背上西三下伍（張）
特徵：13.74g，35.0mm
等級：7

K090：嘉定通寶對讀背上西四下伍（張）
特徵：10.13g，33.5mm
等級：7

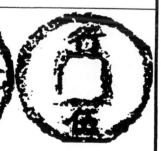

K091：嘉定元寶對讀背上當下五（張）
特徵：9.00g，33.3mm
等級：7

K092：嘉定元寶對讀背上行下五
　　　（兩宋鐵錢）
特徵：
等級：7

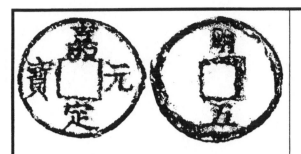

K093：嘉定元寶對讀背上用下五（張）
特徵：11.12g，33.9mm
等級：7

K094：嘉定元寶對讀背上邛下折伍（張）
特徵：12.06g，35.6mm
等級：7

K095：嘉定通寶對讀背上折下伍
　　　　（兩宋鐵錢）
特徵：
等級：7

K096：嘉定通寶對讀背上折下五（張）
特徵：11.72g，32.9mm
等級：7

K097：嘉定通寶對讀背上直下五（張）
特徵：9.41g，34.3mm
等級：7

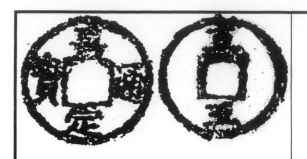

K098：嘉定通寶對讀背上直下五
　　　　（兩宋鐵錢）
特徵：粗字
等級：7

K099：嘉定通寶對讀背上復下伍（張）
特徵：9.51g，35.0mm
等級：7

K100：嘉定通寶對讀背上用下五
　　　　（兩宋鐵錢）
特徵：粗字
等級：6

K101：嘉定重寶對讀背上川下五（張）
特徵：12.16g，35.2mm
等級：7

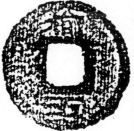

K102：嘉定重寶隸書對讀背上榆下五
　　　　（東洋古錢價格圖譜）
特徵：未見於國內泉譜，參考品
等級：

K103：嘉定重寶對讀背上用下五
（兩宋鐵錢）
特徵：
等級：6

K104：嘉定重寶對讀背上用下伍（張）
特徵：7.71g，33.2mm
等級：7

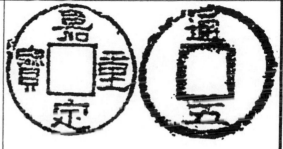

K105：嘉定重寶隸書對讀背上通下伍
（兩宋鐵錢）
特徵：
等級：6

K106：嘉定重寶篆書對讀背上行下五
（兩宋鐵錢）
特徵：大樣
等級：6

K107：嘉定重寶篆書對讀背上行下五
　　　　（兩宋鐵錢）
特徵：小樣
等級：6

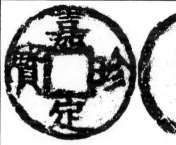

K108：嘉定珍寶對讀背上信下伍（張）
特徵：11.73g，36.5mm
等級：7

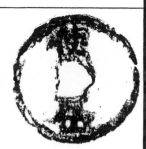

K109：嘉定珍寶對讀背上使下伍（張）
特徵：9.85g，34.1mm
等級：7

K110：嘉定之寶對讀背上正下伍（張）
特徵：12.28g，35.4mm
等級：7

K111：嘉定之寶對讀背上正下五（張）
特徵：8.67g，34.5mm
等級：7

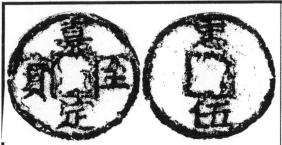

K112：嘉定至寶對讀背上惠下伍（張）
特徵：11.34g，34.6mm
等級：6

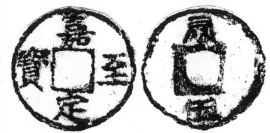

K113：嘉定至寶對讀背上局下伍（張）
特徵：9.36g，33.1mm
等級：6

K114：嘉定興寶對讀背上正下伍（張）
特徵：8.91g，33.4mm
等級：7

K115：嘉定大寶旋讀背上當下伍
　　　（東洋古錢價格圖譜）
特徵：未見於國內泉譜，參考品
等級：

K116：嘉定封寶對讀背上權下伍
　　　（兩宋鐵錢）
特徵：稀珍名譽錢
等級：1

K117：嘉定封寶對讀背上權下伍
　　　（東洋古錢價格圖譜）
特徵：參考品
等級：

K118：嘉定國寶對讀真書背上折下伍
　　　（東洋古錢價格圖譜）
特徵：未見於國內泉譜，參考品
等級：

K119：嘉定鉅寶對讀真書背上直下伍
　　　（東洋古錢價格圖譜）
特徵：未見於國內泉譜，參考品
等級：

K120：嘉定隆寶旋讀真書背下伍
　　　（東洋古錢價格圖譜）
特徵：未見於國內泉譜，參考品
等級：

K121：嘉定宋寶旋讀真書背上行下伍
　　　（東洋古錢價格圖譜）
特徵：未見於國內泉譜，參考品
等級：

L.寶慶元寶（1225）

　　南宋寧宗於嘉定十七年八月逝，寧宗嗣子昀既位為理宗。理宗在位四十年，壽六十一，改元凡八年號，寶慶三年、紹定六年、端平三年、嘉熙四年、淳祐十二年、寶祐六年、開慶一年、景定五年。史載寶慶元年七月行大宋元寶錢，未言及鑄寶慶錢，但實物出土卻有漢陽，定城及惠民監所鑄寶慶元寶鐵錢。從改元到行用大宋元寶錢只有七個月。由此推斷，寶慶元寶應是在剛建元初期所鑄造。不知何因在元年七月後放棄寶慶年號錢改行大宋元寶。當時淮域僅存蘄春與漢陽兩監，僅見漢陽監鑄寶慶元寶背穿上漢穿下俯月（L001-L005）。其背文形制是繼承嘉定元寶背漢月錢之錢風。這說明寶慶背漢月錢可能是在嘉定十七年底，確定明年改元寶慶後既鑄。此後漢陽監還鑄有漢月紋的大宋元寶鐵錢。日本泉譜載錄一枚寶慶元寶背同元（L006）應是偽。同安監早於嘉定七年廢罷，且嘉定元寶背同也只出到同三而已。另《古泉大全》也有一枚寶慶元寶背漢元，國內未見，疑品。四川出的寶慶元寶鐵錢大部份是折三大錢如下：背上惠下三（L008）、背上定下三（L009）、背卜寶下三（L010）、背上惠下正三（L011・L012）。背上寶下三（L010）是近年發現，未見於前譜十分珍稀。另有一枚寶慶元寶折二錢，背上定下月孕單星（L007），定字應是指嘉定監，在嘉定永寶背定錢部份已詳述就不在此重覆。日本泉譜有一枚篆書寶慶元寶背上篆定下三（L013）應也是臆製錢。另一枚日本泉譜所錄真書寶慶元寶背上惠下伍（L014）也不可靠，應也是臆製錢。

L001：寶慶元寶旋讀背上漢下俯月
　　　（兩宋鐵錢）
特徵：大字，大足寶
等級：7

L002：寶慶元寶旋讀背上漢下俯月
　　　（兩宋鐵錢）
特徵：寬貝寶，離慶，降元
等級：7

L003：寶慶元寶旋讀背上漢下俯月
　　　（兩宋鐵錢）
特徵：廣穿，小字，降慶，背大漢
等級：7

L004：寶慶元寶旋讀背上漢下俯月（馬馳）
特徵：背長月
等級：7

L005：寶慶元寶旋讀背上漢下俯月（張）
特徵：窄穿，小寶，4.96g，24.7mm
等級：7

L006：寶慶元寶旋讀背上同下元
　　　（東洋古錢價格圖譜）
特徵：國內出土末見過報導，參考品
等級：

L007：寶慶元寶旋讀背上定下仰月孕單星
　　　（張）
特徵：折二，7.89g，29.8mm
等級：7

L008：寶慶元寶旋讀背上惠下三（張）
特徵：10.50g，32.6mm
等級：7

L009：寶慶元寶旋讀背上定下三（張）
特徵：寬貝寶，離慶，降元，10.13g，
　　　32.5mm
等級：7

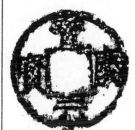

L010：寶慶元寶旋讀背上寶下三（繆毅）
特徵：近年發現前譜未載，稀珍
等級：2

L011：寶慶元寶旋讀背上惠下正三（張）
特徵：大樣，背正三分離11.25g，32.5mm
等級：7

L012：寶慶元寶旋讀背上惠下正三（張）
特徵：小樣，背正三分離9.27g，30.8mm
等級：7

L013：寶慶元寶篆書旋讀背上定下三
　　　（東洋古錢價格圖譜）
特徵：未見於國內泉譜，參考品
等級：

L014：寶慶元寶真書旋讀背上惠下伍
　　　（東洋古錢價格圖譜）
特徵：未見於國內泉譜，參考品
等級：

M.大宋元寶，通寶（1225-1227）

　　南宋理宗在位四十年，年號有八，大宋並非為理宗年號之一。史載寶慶元年七月行大宋元寶錢，寶慶元寶應是在剛建元初期所鑄造行用，元年七月後放棄寶慶年號錢改行大宋元寶。當時淮域僅存蘄春與漢陽兩監，漢陽監隨即鑄大宋元寶背穿上漢穿下俯月（M007、M008）。另一枚背穿下俯月（M006），有可能是漢字磨平所致。蘄春監則鑄大宋元寶背上春下元鐵錢（M002、M003）。兩監均未發現寶慶二年鑄品，即大宋元寶背春二和漢二錢。寶慶三年，蘄春監鑄大宋元寶背春三（M004、M005），漢陽監則鑄有大宋通寶背漢三（M009）鐵錢。另有一枚大宋元寶空背（M001）。大宋元寶鐵錢不多，通寶尤少。其間漢陽監共鑄了三種不同的鑄品，即寶慶元寶，大宋元寶，及大宋通寶。說明到南宋後期各錢監鑄錢規範不嚴謹也不統一。寶慶年間淮域所鑄鐵應全是折二錢，因財政困難其錢型已減小到似先朝的小平錢。四川錢監所鑄鐵錢品種稍多。另有大宋元寶光背錢（M010、M011），其錢徑有大小兩种，與先朝折二錢相差無幾，應是當折三或折五使用。另有大宋元寶背穿上三（M012）當係折二使用。另有大宋元寶背上泉下三（M013、M014），泉字應非代表監名（鄂州寶泉監），應是指錢當之意。另有大宋元寶背上西下三（M015）與嘉定元寶穿上如西四之西同意，可能是指邛州惠民監。大宋元寶背利州行使（M016、M017）明確是由利州（紹興監）所鑄。大宋元寶另有背穿上定穿下三，一為小平型（M018）及折三型（M019、M020）。小平型是出自日本泉譜，真偽難定。定字當係指四川嘉定監。

M001：大宋元寶旋讀空背（張）
特徵：疑是空背，4.21g，25.4mm
等級：7

M002：大宋元寶旋讀背上春下元（張）
特徵：寬元，升大，窄穿，6.21g，25.8mm
等級：7

M003：大宋元寶旋讀背上春下元（張）
特徵：行元，小寶，5.57g，25.5mm
等級：7

M004：大宋元寶旋讀背上春下三（張）
特徵：行元，小寶，5.30g，25.4mm
等級：7

M005：大宋元寶旋讀背上春下三（張）
特徵：小元，窄貝寶，4.94g，25.5mm
等級：7

M006：大宋元寶旋讀背下俯月（張）
特徵：疑是背下俯月，4.11g，25.5mm
等級：7

M007：大宋元寶旋讀背上漢下俯月（張）
特徵：細字，5.44g，25.5mm
等級：7

M008：大宋元寶旋讀背上漢下俯月（張）
特徵：粗字，5.44g，25.5mm
等級：7

M009：大宋通寶旋讀背上漢下三（張）
特徵：5.11g，25.2mm
等級：6

M010：大宋元寶旋讀折三型空背
　　　　（兩宋鐵錢）
特徵：小型
等級：7

M011：大宋元寶旋讀折五型空背（張）
特徵：大型，8.64g，31.5mm
等級：7

M012：大宋元寶旋讀背上三（張）
特徵：8.85g，31.4mm
等級：7

M013：大宋元寶旋讀背上泉下三
　　　　（兩宋鐵錢）
特徵：大型
等級：6

M014：大宋元寶旋讀背上泉下三
　　　　（兩宋鐵錢）
特徵：廣穿，小型，9.14g，31.3mm
等級：6

M015：大宋元寶旋讀背上西下三
　　　　（兩宋鐵錢）
特徵：
等級：6

M016：大宋元寶旋讀背利州行使
　　　　（兩宋鐵錢）
特徵：大型
等級：6

M017：大宋元寶旋讀背利州行使（張）
特徵：小型，8.60g，30.2mm
等級：6

M018：大宋元寶小平型背上定下三
　　　　（東洋古錢價格圖譜）
特徵：末見於國內泉譜，參考品
等級：

M019：大宋元寶折三型背上定下三
　　　　（兩宋鐵錢）
特徵：小型
等級：6

M020：大宋元寶折三型背上定下三
　　　　（兩宋鐵錢）
特徵：大型
等級：6

N.紹定元寶，通寶（1228-1233）

　　紹定是南宋理宗的第二個年號。南宋兩淮鐵錢從嘉定末年推行減重小平樣折二錢開始，直至寶慶、紹定、端平年間均為與南宋初期所鑄小平錢徑與重量相似之折二鐵錢，典型的在政府財政困難時期之錢幣貶值。紹定期間淮域尚存有二鐵錢監，蘄春與漢陽監。兩監由紹定元年起至紹定五年均鑄有紹定通寶旋讀背春元至春五（N001-N005），背漢元至漢五（N006-N010）。紹定鐵錢數量甚少，《高郵出土鐵錢》出版時（1995），漢陽監之紹定通寶則為對讀，只見漢元，漢二，漢四與漢五，獨缺漢三錢（N008）。不過後來漢三錢終於出現，我有幸大約於六七年前購得一枚紹定通寶對讀背漢三錢，湊足這一系列完整一套。紹定六年不知何故，蘄春與漢陽監均未續鑄春六與漢六錢。紹定期間四川鑄紹定鐵錢極少，目前僅見一枚折五大型紹定元寶（N011），其背穿下五，背上文不清。古泉大全在紹定通寶錢所列出者出現嚴重錯誤，其所列出的居然是紹定通寶對讀背春系列鐵錢。而所列出紹定通寶背漢系列居然是旋讀，正好與實物相反。另還出現一枚篆書紹定通寶背篆春三錢，《古全大泉》作者今井貞吉當時是依實錢彫成，怎會犯如此嚴重錯誤令人十分不解。

N001：紹定通寶旋讀背上春下元（張）
特徵：5.40g，25.4mm
等級：6

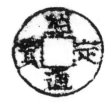

N002：紹定通寶旋讀背上春下二（張）
特徵：4.43g，25.0mm
等級：6

N003：紹定通寶旋讀背上春下三（張）
特徵：5.10g，25.2mm
等級：6

N004：紹定通寶旋讀背上春下四（張）
特徵：4.16g，25.5mm
等級：6

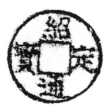

N005：紹定通寶旋讀背上春下五（張）
特徵：4.51g，25.9mm
等級：6

N006：紹定通寶對讀背上漢下元（張）
特徵：5.42g，25.5mm
等級：6

N007：紹定通寶對讀背上漢下二（張）
特徵：4.97g，25.0mm
等級：6

N008：紹定通寶對讀背上漢下三（張）
特徵：高郵出土早期未見，近年發現，稀
　　　罕，4.67g，24.2mm
等級：2

N009：紹定通寶對讀背上漢下四（張）
特徵：5.82g，25.6mm
等級：5

N010：紹定通寶對讀背上漢下五（張）
特徵：4.71g，24.7mm
等級：5

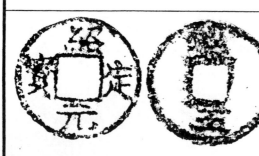
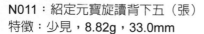

N011：紹定元寶旋讀背下五（張）
特徵：少見，8.82g，33.0mm
等級：3

O.端平元寶，通寶（1234-1236）

　　端平是南宋理宗的第三個年號。端平年間南宋忙於北方戰事，端平元年正月，宋軍突破蔡州，宋蒙軍入城，金哀宗自殺，末帝死於亂軍，金亡。二年宋與蒙通好，由於戰事北移，兩淮鑄鐵錢漸衰。三年蒙軍來犯，佔據湖北多州。端平年間兩淮鐵錢只剩蘄春監鑄端平通背春元（O001、O002）之小平樣折二錢。這枚端平通寶背春元錢數目甚少，是兩淮鐵錢的最後一枚。結束百餘年歷史兩淮的鐵錢鑄造歷史。結束鐵錢原因除了上提戰事因素不須用鐵錢外，或許有些兩淮鐵錢監區已淪陷有關。四川錢監所鑄端平元寶大部份為折五大錢。端平元寶折五型背穿下伍（O003），不知出於何監。一枚折三型背穿下邛寬緣（O004）當係邛州紹興監鑄。端平元寶背上邛下伍（O005、O006）當係紹興監所鑄當五大錢。一系列背穿上定伍當係嘉定監所鑄，穿下分別為東上（O007、O008）、東中（O009、O010）、東下（O011-O013）、北上（O014、O015）、北中（O016、O017），北下（O018、O019）。穿下文當係紀爐次方位。另一系列為背穿下伍，穿上分別為北上（O020）、北中（O021）、北下（O022）、東中（O023）、及西上（O024）。端平通寶系列則為背上惠伍，當係指惠民監當五大錢，其穿下分別有東上（O025）、東中（O026）、東下（O027）、西上（O028）、西中（O029）及西下（O030、O031）。另有一枚稀見之利州紹興監所鑄折十端平元寶大錢，背上折下十右利（O032），這是僅見端平鐵錢折十，也是南宋鐵錢鑄折十大錢始於此。

O001：端平通寶小平背上春下元（張）
特徵：大頭通，背大春，5.81g，25.5mm
等級：6

O002：端平通寶小平背上春下元
（兩宋鐵錢）
特徵：正樣
等級：6

O003：端平元寶背下伍
（兩宋鐵錢）
特徵：
等級：6

O004：端平元寶背上邛
（兩宋鐵錢）
特徵：
等級：6

O005：端平元寶背上邛下伍
　　　　（張）
特徵：大字，細緣，12.75g，
33.2mm
等級：6

O006：端平元寶背上邛下伍
　　　　（張）
特徵：小字，粗緣，12.98g，
34.7mm
等級：6

O007：端平元寶背上定伍下束上
　　　　（兩宋鐵錢）
特徵：大字
等級：6

O008：端平元寶背上定伍下束上
　　　　（張）
特徵：小字，14.90g，35.7mm
等級：6

O009：端平元寶背上定伍下東中
　　　（張）
特徵：粗字，10.24g，34.5mm
等級：6

O010：端平元寶背上定伍下東中
　　　（張）
特徵：細字，11.79g，34.9mm
等級：6

O011：端平元寶背上定伍下東下
　　　（兩宋鐵錢）
特徵：大字，寬貝寶
等級：6

O012：端平元寶背上定伍下東下
　　　（張）
特徵：小字，10.94g，34.9mm
等級：6

O013：端平元寶背上定伍下東下
　　　（兩宋鐵錢）
特徵：粗字
等級：6

O014：端平元寶背上定伍下北上
　　　（兩宋鐵錢）
特徵：大寶，短足寶
等級：6

O015：端平元寶背上定伍下北上
　　　（張）
特徵：小寶，15.32g，36.5mm
等級：6

O016：端平元寶背上定伍下北中
　　　（兩宋鐵錢）
特徵：大字
等級：6

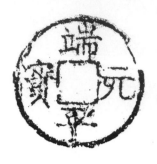

O017：端平元寶背上定伍下北中
（張）
特徵：小字，14.70g，35.5mm
等級：6

O018：端平元寶背上定伍下北下
（兩宋鐵錢）
特徵：大字
等級：6

O019：端平元寶背上定伍下北下
（張）
特徵：小字，15.22g，36.7mm
等級：6

O020：端平元寶背上北上下伍
（兩宋鐵錢）
特徵：
等級：6

O021：端平元寶背上北中下伍
（兩宋鐵錢）

特徵：
等級：6

O022：端平元寶背上北下下伍
（兩宋鐵錢）

特徵：
等級：6

O023：端平元寶背上東中下伍
（兩宋鐵錢）

特徵：小字
等級：6

O024：端平元寶背上西上下伍
（兩宋鐵錢）

特徵：
等級：6

O025：端平通寶背上惠伍下柬上
　　　（兩宋鐵錢）
特徵：
等級：6

1O026：端平通寶背上惠伍下柬中
　　　（張）
特徵：13.96g，34.3mm
等級：6

O027：端平通寶背上惠伍下柬下
　　　（張）
特徵：10.96g，34.6mm
等級：6

O028：端平通寶背上惠伍下西上
　　　（張）
特徵：11.64g，34.5mm
等級：6

O029：端平通寶背上惠伍下西中
　　　（張）
特徵：12.23g，34.5mm
等級：6

O030：端平通寶背上惠伍下西下
　　　（兩宋鐵錢）
特徵：大寶
等級：6

O031：端平通寶背上惠伍下西下
　　　（張）
特徵：小寶，12.24g，34.0mm
等級：6

O032：端平通寶背上折下十右利
　　　（張）
特徵：16.98g，42.5mm
等級：2

P.嘉熙通寶（1237-1240）

　　嘉熙是南宋理宗的第四個年號，共計四年。嘉熙年間南宋仍忙於北方戰事，只要是對付蒙軍因金朝已亡。嘉熙元年正月，蒙軍突破光州，攻壽春，黃岡，宋軍力戰，蒙軍方退。嘉熙年間已不再鑄兩淮鐵錢，只由四川錢監鑄（可能只剩邛州惠民監）嘉熙通寶折五與折十大錢。折五嘉熙通寶鐵錢只要是由惠民監所鑄，其背穿上五代表折五。穿下則有多種，惠東（P001）、惠西（P002）、惠南（P003、P004）、惠北（P005）、惠上（P006）、惠中（P007）、惠下（P008）共計七種。惠字指邛州惠民監，至於東西南北上中下方位其含義不明。另有一枚折五錢其背穿上五穿下東中（P009）則未紀監名。嘉熙通寶折十大錢種品不少，全是稀見品，大部份是近年方出土於四川。丁譜也僅列有折十鐵母錢，未見有鐵錢，可知在民國初期嘉熙折十鐵錢尚未發現。背穿上十字為紀值，目前已發現的穿下分別有東一（P010）、東二（P011）、東三（P012）、西一（P013）、西二（P014）、西三（P015）、惠西（P016）、惠南（P017）、惠北（P018）、惠上（P019）、惠下（P020）等。東西南北上中下當是紀方位。一二三可能是指紀年。整體而言，折十鐵錢似尚缺背惠東及惠中，不知是當時未鑄或是尚未發現於出土。

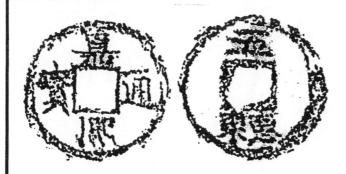

P001：嘉熙通寶背上五下惠東
　　　（張）
特徵：12.73g，36.5mm
等級：6

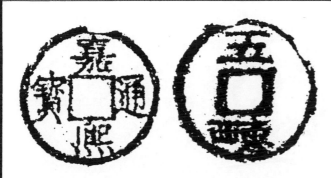

P002：嘉熙通寶背上五下惠西
　　　（張）
特徵：11.89g，36.5mm
等級：6

P003：嘉熙通寶背上五下惠南
　　　（張）
特徵：背大五，15.3g，37.8mm
等級：6

P004：熙通寶背上五下惠南，
　　　（兩宋鐵錢）
特徵：背小五
等級：6

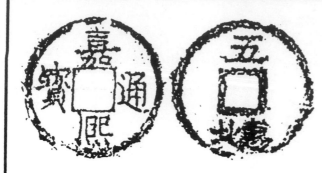

P005：嘉熙通寶背上五下惠北
　　　（兩宋鐵錢）

特徵：

等級：6

P006：嘉熙通寶背上五下惠上
　　　（張）

特徵：9.83g，36.9mm

等級：6

P007：嘉熙通寶背上五下惠中
　　　（張）

特徵：12.49g，35.5mm

等級：6

P008：嘉熙通寶背上五下惠下
　　　（張）

特徵：12.81g，37.2mm

等級：6

P009：嘉熙通寶背上五下束中
（兩宋鐵錢）

特徵：

等級：4

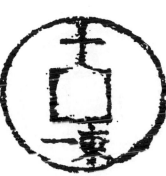

P010：嘉熙通寶背上十下束一
（兩宋鐵錢）

特徵：

等級：3

P011：嘉熙通寶背上十下束二
（兩宋鐵錢）

特徵：

等級：3

P012：嘉熙通寶背上十下東三
　　　（兩宋鐵錢）
特徵：
等級：3

P013：嘉熙通寶背上十下西一
　　　（兩宋鐵錢）
特徵：
等級：3

P014：嘉熙通寶背上十下西二
　　　（兩宋鐵錢）
特徵：
等級：3

P015：嘉熙通寶背上十下西三
　　　（兩宋鐵錢）
特徵：
等級：3

P016：嘉熙通寶背上十下惠西
　　　（兩宋鐵錢）
特徵：
等級：3

P017：嘉熙通寶背上十下惠南
　　　（兩宋鐵錢）
特徵：
等級：3

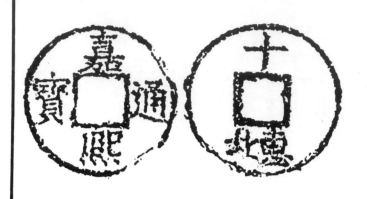

P018：嘉熙通寶背上十下惠北
　　　（兩宋鐵錢）
特徵：
等級：3

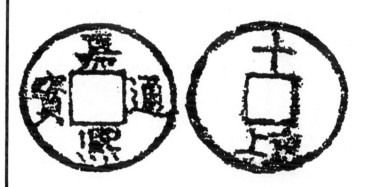

P019：嘉熙通寶背上十下惠上
　　　（兩宋鐵錢）
特徵：
等級：3

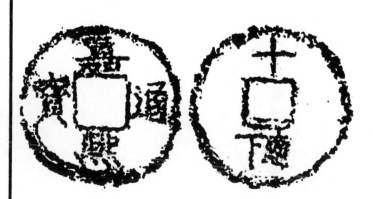

P020：嘉熙通寶背上十下惠下
　　　（兩宋鐵錢）
特徵：
等級：3

Q.淳祐通寶（1241-1252）

　　淳祐是南宋理宗的第四個年號，共計十二年。淳祐年間南宋對北方蒙戰事並不順利，淳祐二年蒙古軍破蜀中遂寧與瀘州。淳祐期間兩淮己停鑄鐵錢，只剩四川鑄造少量大型鐵錢。因政府財政困難，錢幣貶值，大多以當百鐵錢為主。有一枚錢文真書背穿上慶右左當二十文（Q001），慶字意代考，是否慶賀之義或代表重慶。不過此錢有說是臆作錢。淳祐通寶真書當百大錢（Q002-Q004）錢徑35mm，甚至小於先朝嘉熙通寶當五錢（36-37mm），可知當時錢幣貶值之嚴重。另有出現一枚無紀值淳祐通寶真書空背錢（Q006）。日本昭和泉譜列有二枚淳祐通寶面背篆書當百大錢（Q005）錢徑約31.5mm，國內未聞有出土報導。南宋鑄造鐵錢基本上到淳祐通寶已結束。理宗餘下年號，寶祐（1253-1258），開慶（1259），景定（1260-1264），僅鑄銅錢（寶祐未鑄錢）未見任何鐵錢。

R.咸淳通寶，元寶（1265-1274）

　　景定五年十月宋理宗逝，太子禥即位為度宗取元咸淳。度宗在位十年，逝於咸淳十年七月。蒙古軍於理宗後期持續施壓宋朝，寶祐末年蒙軍分路大舉攻宋。開慶年間蒙軍攻蜀中，湖北。咸淳十年六月，元世祖下詔全面攻宋，勢如破竹。咸淳年間承續前朝鑄造銅錢至咸淳八年為止。南宋鑄錢基本上至此已正式結束。古泉大全錄有德祐元寶（恭宗德祐，1275-1276）與景炎通寶（瑞宗景炎，1275-1278），國內未聞，應是臆作錢。咸淳年間理應未鑄鐵錢，不過卻出現一枚折二楷書咸淳元寶鐵錢（R001）。當時朝廷雖不鑄鐵錢，但商業須求，仍繼續使用先朝遺留下的錢幣。在四川當時應仍行用鐵錢，所以這枚咸淳元寶鐵錢可能是民間私鑄，取流通之咸淳元寶當母錢所鑄成。

Q001：淳祐通寶背上慶右當二左
　　　十文（歷代古錢圖說）
特徵：可能是慶典特鑄錢
等級：2

Q002：淳祐通寶背當百
　　　（歷代古錢圖說）
特徵：小樣
等級：4

Q003：淳祐通寶背當百
　　　（兩宋鐵錢）
特徵：小樣，離寶
等級：4

Q004：淳祐通寶背當百（張）
特徵：大樣，12.09g，35.5mm
等級：4

Q005：淳祐通寶篆書背當白
　　　（東洋古錢價格圖譜）
特徵：國內諸譜末見，參考品
等級：

Q006：淳祐通寶大型空背（張）
特徵：大樣，7.82g，33.0mm
等級：4

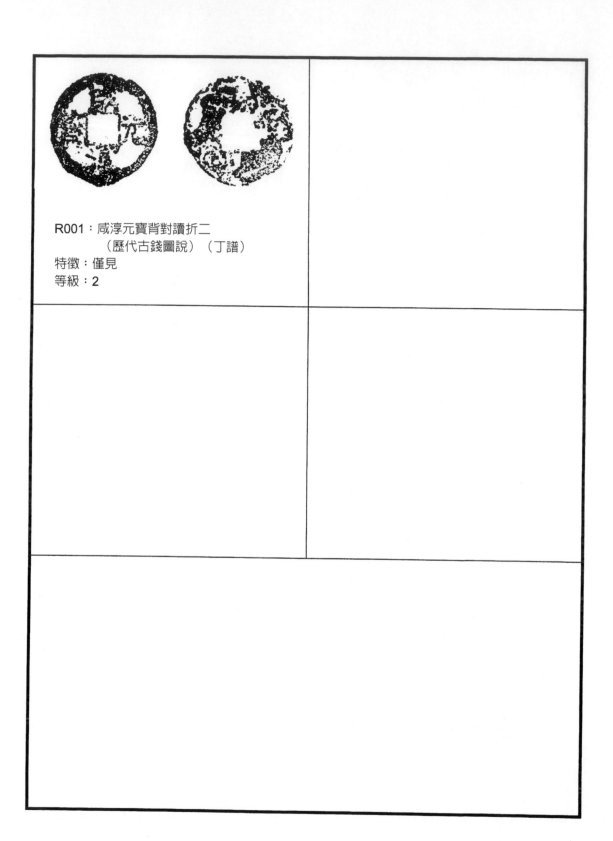

R001：咸淳元寶背對讀折二
　　　　（歷代古錢圖說）（丁譜）
特徵：僅見
等級：2

國家圖書館出版品預行編目

南宋鐵錢泉譜 / 張豐志編著. -- 一版. --
　　臺北市：秀威資訊科技, 2009.01
　　　面；　公分. --(古泉雅集叢書)
(美學藝術類；PH0016)
　　BOD版
　　ISBN 978-986-221-138-0(平裝)

　　1. 貨幣　2. 南宋　3. 圖錄

561.35025　　　　　　　　　　　97023658

美學藝術類　　PH0016

南宋鐵錢泉譜

作　　　者 / 張豐志
發 行 人 / 宋政坤
執 行 編 輯 / 賴敬暉
圖 文 排 版 / 張慧雯
封 面 設 計 / 莊芯媚
數 位 轉 譯 / 徐真玉　沈裕閔
圖 書 銷 售 / 林怡君
法 律 顧 問 / 毛國樑　律師
出 版 印 製 / 秀威資訊科技股份有限公司
　　　　　　台北市內湖區瑞光路583巷25號1樓
　　　　　　電話：02-2657-9211　　　傳真：02-2657-9106
　　　　　　E-mail：service@showwe.com.tw
經 銷 商 / 紅螞蟻圖書有限公司
　　　　　　台北市內湖區舊宗路二段121巷28、32號4樓
　　　　　　電話：02-2795-3656　　　傳真：02-2795-4100
　　　　　　http://www.e-redant.com

2009 年 1 月　BOD 一版
定價：490元

讀 者 回 函 卡

感謝您購買本書，為提升服務品質，煩請填寫以下問卷，收到您的寶貴意見後，我們會仔細收藏記錄並回贈紀念品，謝謝！

1.您購買的書名：_____

2.您從何得知本書的消息？

　　□網路書店　□部落格　□資料庫搜尋　□書訊　□電子報　□書店

　　□平面媒體　□ 朋友推薦　□網站推薦　□其他_____

3.您對本書的評價：(請填代號　1.非常滿意 2.滿意 3.尚可 4.再改進)

　　封面設計____　版面編排____　內容____　文/譯筆____　價格____

4.讀完書後您覺得：

　　□很有收獲　□有收獲　□收獲不多　□沒收獲

5.您會推薦本書給朋友嗎？

　　□會　□不會，為什麼？_____

6.其他寶貴的意見：_____

　　_____

　　_____

　　_____

讀者基本資料

姓名：_____　年齡：_____　性別：□女 □男

聯絡電話：_____　E-mail：_____

地址：_____

學歷：□高中(含)以下　　□高中　　□專科學校　　□大學

　　　□研究所(含)以上 □其他_____

職業：□製造業 □金融業 □資訊業 □軍警 □傳播業 □自由業

　　　□服務業 □公務員 □教職　□學生 □其他_____

(請沿線對摺寄回,謝謝!)

秀威與 BOD

BOD（Books On Demand）是數位出版的大趨勢，秀威資訊率先運用 POD 數位印刷設備來生產書籍，並提供作者全程數位出版服務，致使書籍產銷零庫存，知識傳承不絕版，目前已開闢以下書系：

一、BOD 學術著作—專業論述的閱讀延伸
二、BOD 個人著作—分享生命的心路歷程
三、BOD 旅遊著作—個人深度旅遊文學創作
四、BOD 大陸學者—大陸專業學者學術出版
五、POD 獨家經銷—數位產製的代發行書籍

BOD 秀威網路書店：www.showwe.com.tw
政府出版品網路書店：www.govbooks.com.tw

永不絕版的故事・自己寫・永不休止的音符・自己唱